AS MONTANHAS
DA MENTE

UM QUEBRA-CABEÇAS DE QUATRO ANOS E MEIO

EMA DANTAS

ISBN 978-0-9920506-2-7

À memória da minha mãe, Adelaide

Às minhas lindas filhas, Patrícia e Nicole. Estou eternamente grata pelo vosso apoio e compreensão quando me faltou paciência e nem sempre me concentrei em "ser mãe", durante a última década da minha vida. Obrigada por me amarem e me apoiarem, fielmente. Patrícia, obrigada por teres preenchido o vazio na LMP. Nicole, obrigada por seres a minha publicista e confidente. Amo-vos tanto a ambas. Não há palavras que o possam transmitir plenamente. Deus abençooume, realmente, com as duas.

Ethan, Júlia, obrigado por serem os comprimidos de felicidade da Vovó. Amo-vos tanto aos dois.

Aos meus dois genros Dustin e Nico, obrigada por amarem as minhas filhas e por liderarem a minha claque.

A Emmanuel Monssen, obrigada por me teres desafiado e por acreditares em mim. Obrigada por me ensinares que poderia ser mais forte e uma mulher e mãe melhor. Obrigada por saberes sempre quando eu precisava de uma mensagem de texto e por seres o meu melhor amigo. E claro, obrigada por aquele primeiro copo de Stoneleigh Sauvignon Blanc.

ÍNDICE

PREFÁCIO

Quando vi o funcionário dos Correios ir buscar aquele envelope, eu já sabia.

Foi preciso uma grande dose de esforço para manter a compostura e não desatar a chorar.

Consegui manter-me serena até chegar ao carro, onde então, as lágrimas começaram a cair descontroladamente. Na altura não compreendi porquê é que aquilo me estava a acontecer uma vez que já tinha recebido os certificados de cada uma das outras montanhas que eu tinha escalado. Seria porque este tinha os selos oficiais e tinha chegado por correio registado?

O que é certo é que este certificado era a confirmação que eu havia subido ao cume do Evereste e tinha regressado sã e salva. Era a confirmação que, apesar de no momento não ter realmente sentido vontade de exclamar um sonoro "hurra", representava isso mesmo. Mesmo apesar de tudo o que havia acontecido na minha vida durante aqueles quatro anos e meio, podia agora proclamar alto e bom som: consegui!

Chorei porque ironicamente as montanhas salvaram-me a vida.

Chorei porque subitamente surgiu a pergunta: e agora?

Chorei porque escalar os 7 Cumes não angariou o dinheiro necessário para a fundação Peaks for Change Foudation nem para a campanha 7 Summits for Mental Health em benefício do Center for Addiction and Mental Health (CAMH). Apesar disso as montanhas ensinaram-me muito sobre mim própria, sobre a minha própria saúde mental e sobre a minha capacidade de resiliência. Ensinaram-me a importância da saúde mental e a importância de continuar a ser uma acérrima defensora da mesma.

A nível pessoal chorei, porque durante este período o meu casamento chegou ao fim; morreu a Daisy, a minha cadela Jack Russel, depois de 15 anos de companhia; tive que vender a minha casa e mudar-me para outro sítio. Durante este período aprendi a depender apenas de mim própria e aprendi a confiar em mim.

Contudo, estas lágrimas foram também lágrimas de alegria. Tornei-me na única pessoa portuguesa a escalar os 7 Cumes em ambas as versões. Aprendi a amar as montanhas, aprendi a amar-me a mim própria, a acreditar em mim e aprendi a confiar em Jesus.

Demorei 16 dias a alcançar o cume do Evereste. Tal só foi possível graças à Furtenbach Adventures através da opção Everest South Flash Expedition. Chorei por ter confiado no meu instinto ao ter assinado um contrato com o Lukas e a sua equipa, arriscando uma soma obscena de dinheiro numa última aposta para tentar conquistar o Evereste.

Chorei porque este certificado era a confirmação que eu tinha subido ao Monte Evereste e que me deveria sentir orgulhosa por isso.

Chorei porque me encontrava só. Não tinha ninguém em casa com quem pudesse partilhar as minhas lágrimas e as minhas alegrias. Não tinha ninguém em casa à minha espera para me abraçar, beijar-me e celebrar comigo.

CAPÍTULO I

PORQUÊ ESCALAR MONTANHAS?

Como em tudo na vida, tudo se resume ao fim e cabo à pergunta "Porquê?".

Durante o período das minhas escaladas, as pessoas perguntam-me constantemente porquê? O que é que me impelia a escalar montanhas?

Existem muitas respostas para essa pergunta. Francamente, quando eu comecei as escaladas, ainda não tinha pensado muito bem sobre o assunto. Senti-me instintivamente compelida a fazê-lo. Era sobretudo um desafio que eu sabia que me ia ocupar a mente, o que portanto me iria ajudar a manter a minha sanidade mental.

Duas semanas depois de eu ter regressado da escalada da Pirâmide Carstensz, escrevi uma carta de agradecimento ao Emmanuel, o meu guia, e nela escrevi o que talvez possa ser uma boa resposta aquela pergunta. Escrevi-lhe, "... ou pelo menos de ter a oportunidade de realizar grandes coisas neste mundo, ajudar os outros, e não ser alguém que apenas se situa dentro da média. Nunca me senti mediana. Não quero ser mediana."

Quando comecei as escaladas, não tinha uma ideia clara porque é que me havia fixado na conquista dos 7 Cumes. É claro que eu tinha uma ideia geral e uma razão direta para o fazer. Estava a levar a cabo uma campanha de sensibilização para a Saúde Mental e uma campanha de angariação de fundos para a iniciativa denominada 7 Summits for Mental Health da fundação Peaks for Change Foundation. Esta iniciativa revertia a favor da Bridging Clinic for the Center of Addiction and Mental Health em Toronto. Falarei mais adiante sobre este assunto, mas para já, havia uma outra razão pela qual eu queria subir às montanhas.

A principal razão porque me propus a tal empresa, tem a ver com o dia em que tive que sair do trabalho e ir para casa devido a uma forte enxaqueca. Nesse dia, ao chegar a casa reparei num computador que tinha ficado ligado com o ecrã desbloqueado, e deparei-me com uma caixa de entrada com mais de 2 000 e-mails que me fizeram ver de forma devastadora que a última década da minha vida tinha sido uma mentira. Nesse dia do mês de abril de 2009 a minha vida ruiu. Chorei deitada na posição fetal no chão do meu quarto depois de descobrir que o meu marido me andava a trair. Tinha ido para a cama com pelo menos catorze mulheres.

Depois disto recordo-me que, durante os meses seguintes, era como se vivesse permanentemente numa neblina. Entre surtos de lágrimas incontroláveis que me inundavam a face, e um constante nevoeiro mental, tinha momentos que sentia uma vontade enorme de conhecer todos os detalhes da sua traição. A única coisa que me mantinha a respirar, era criança de 12 anos que estava dentro mim. Aquela que queria ser detetive. Naquela altura eu tinha lido todas as histórias de Trixie Beldon escritas por Julie Campbell. Li a tradução portuguesa daquela série que lhe havia atribuído o título de "Patrícia".

Beatrix "Trixie" Belden era uma jovem adolescente que vivia com a sua famíla numa quinta em Hudson Valley na área de Nova Iorque. No primeiro livro, The Secret of the Mansion, Beatrix estabelece uma relação de amizade com uma rapariga rica, protegida e solitária chamada Honey Wheeler, cuja família se havia mudado para uma mansão paredes meias com a quinta. Trixie e Honey tornaram-se amigas e este livro é sobre o primeiro caso das duas raparigas. Fiquei fascinada com a história até ser adulta e ainda hoje penso que daria uma boa detetive e que conseguiria encontrar sempre todas as respostas.

Em breve descobri que a neblina envolta no meu cérebro se devia ao facto da minha alma se encontrar entulhada, coberta de estilhaços do meu coração. Era imperioso voltar a juntar esses pedaços numa só peça. Escalar montanhas prometia lufadas de ar fresco que dissipariam o nevoeiro que teimava em ofuscar-me a cabeça.

Acredito do fundo do coração que Deus nos concedeu a vida com o fim de sermos bem sucedidos, ser felizes, ter abundância e alegria. Quando Jesus andou pelo mundo, nunca teve medo de dizer o que sentia, nunca hesitou em ser gentil nem em defender os princípios em que acreditava, embora isso lhe tenha granjeado estranheza por parte de muitos. Assim, acredito que o mínimo que eu poderia fazer para honrar a vida, era tentar fazer tudo o que estivesse ao meu alcance, para ser alegre, gentil, bem-sucedida, mesmo com acidentes de percurso que eventualmente me deixassem atolada em lama.

Ser empresária significa que não nos podemos deixar dominar pela autopiedade. É preciso levantarmo-nos todos os dias e continuar em frente. No meu caso, e nesta precisa altura da minha vida, continuar a trabalhar na construção da minha empresa era o que me dava energia para continuar. Um dia de cada vez; um cliente de cada vez; uma vitória de cada vez; uma lição de cada vez. Agora, quando olho para trás, vejo as semelhanças com a escalada de montanhas. Metaforicamente falando, claro está. Mas tudo se resume a avançar um passo de cada vez.

Criar a fundação Peaks for Change Foundation foi uma extensão do facto de ser empresária. Isto era mais do que uma fundação. Era uma forma de retribuição. A nossa primeira iniciativa, a Seven Summits for Mental Health, juntou o meu desejo de acabar com o estigma que rodeia a saúde mental e o meu desejo de escalar montanhas. Escalar montanhas, organizar uma fundação e gerir uma empresa, requer muito trabalho. Como no casamento, quem quiser ter um sexo fantástico e uma relação maravilhosa, mas que ao mesmo tempo não está disposto a resolver disputas que possam surgir, ter discussões difíceis, fazer compromissos e ser criativo, rapidamente atinge um ponto de estagnação que não oferece nenhuma saída. Eu não ia permitir que a dissolução do meu casamento me colocasse nessa situação.

Mas como é que tudo isto está relacionado com o porquê? Porquê montanhas? Porquê escalá-las por causa de saúde mental?

O que se passa é que a minha mãe era doente mental. Não sei especificar exatamente do que padecia, uma vez que nunca lhe foi oficialmente diagnosticada a sua doença por nenhum dos vários médicos que a examinaram. Só sei que sofria de depressão. Recordo-me de a ver deitada no sofá, dias a fio, sem reação, de expressão vazia e triste. Agora compreendo que devia ser bipolar ou esquizofrénica. Ou ambas as coisas.

A verdade é que eu sentia vergonha dela. Não compreendia a guerra interna que ela travava consigo própria, e não tinha a tolerância nem o tempo para tentar compreendê-la. Não tinha a capacidade de lhe demonstrar compaixão e amor.

Agora eu sei que não posso voltar ao passado; sei que não posso andar com os ponteiros do relógio no sentido inverso; sei que a vida não é um filme de Hollywood. O que sei, é que poderei ajudar outras pessoas a enfrentarem este drama e a aprenderem com os erros que eu cometi. Hoje sou menos tolerante quando oiço alguém falar com desdém dos que sofrem de algum tipo de doença mental e não hesito em pronunciar-me imediatamente na defesa de quem sofre, tentando acabar de uma vez por todas com o estigma relacionado com a saúde mental.

A minha mãe chama-se Adelaide. Era uma mulher forte e eu amava-a. Só que nunca lhe disse. Hoje escalo montanhas em sua honra. E pela minha também.

CAPÍTULO II

ADELAIDE

A luta pela compreensão da doença mental

A minha relação com a minha mãe foi, durante a maior parte da minha adulta, marcada pelo tumulto conflituoso tantas vezes carregado de ódio e de palavras ásperas, tristeza e arrependimento, e de uma mistura de mágoa e raiva numa ânsia de ser amada, aceite e feliz.

Infelizmente a minha mãe sofria de uma doença mental que não foi diagnosticada ou identificada a seu devido tempo e encarada com compreensão e sem estigma, o que lhe tornou a vida muito difícil.

Os meus pais reformaram-se e foram para Portugal em 1983, começando os sintomas e os comportamentos bizarros da minha mãe a fazerem-se sentir pouco depois de aí chegarem.

Tal como em muitas outra partes do mundo, incluindo aqui no Canadá, a doença mental em Portugal naquela altura e a sua aceitação, ainda se revestiam de um certo tabu no quotidiano da maioria das pessoas, embora estivesse na "moda" falar disso na comunicação social. Quando se combina isso com violência doméstica obtemos uma combinação perigosa suscetível de se tornar letal.

A minha mãe faleceu quando tinha 68 anos. Na altura residia num lar de idosos. Tinham que lhe dar o comer na boca que consistia inteiramente em purés. Tinham que lhe dar banho, usava fraldas e passava o dia sentada e amarrada à cadeira, porque se tentasse levantar-se para caminhar, caía no chão.

No dia 6 de janeiro de 2013, o seu coração cedeu e morreu na ambulância a caminho do hospital local. Fiquei com a convicção de que morreu de desgosto de coração. Um desgosto de coração incapaz de suportar mais traumas emocionais.

A última vez que visitei a minha mãe no lar de idosos foi em setembro de 2012 e apenas por algumas horas. Hoje sinto-me envergonhada por tê-la visitado apenas por alguma horas. Na altura senti que era o máximo que podia aguentar. Hoje, ao recordar esse facto, lamento-o profundamente. Vejo agora em retrospetiva, como os meus sentimentos de então foram mesquinhos e até mesmo ridículos.

Como seria de esperar, herdei dos meus pais uma grande influência especialmente da minha mãe. Tudo começou quando eu tinha cinco anos e os meus pais decidiram emigrar para o Canadá. Nessa altura fomos viver para uma parte de casa constituída por um andar com um só quarto de dormir numa casa de três andares na Queen Street de um conhecido dos meus pais em Portugal. Partilhávamos a entrada e a sala de estar com os outros ocupantes da casa e os meus pais dormiam no único quarto. Eu tinha que partilhar uma cama com a filha dos donos da casa no andar de baixo.

Recordo-me de uma noite eu ter feito chichi na cama e os meus pais tiveram uma discussão por causa disso. A minha mãe defendeu-me, mas o meu pai pontapeou-me com tal violência que caí pelas escadas abaixo até ao fundo das mesmas. Não me lembro do que aconteceu a seguir, mas lembro-me de pouco tempo depois, ter sido recambiada para Portugal e ir viver com os meus avós paternos. Em boa verdade não me importei muito pois os meus avós eram muito carinhosos. Deram-me sempre muito amor até ao dia que deixaram este mundo.

Durante a altura que vivi com os meus avós, lembro-me de me sentir zangada com a minha mãe, mas não com o meu pai. Mesmo quando os meus pais nos visitavam pelo Natal eu nunca a queria abraçar. Não sentia nenhum interesse em vê-la, e não corria para ela quando chegavam. Lembro-me de estar sentada ao pé do lume na cozinha dos meus avós e sentir medo. Medo que os meus pais me levassem dali.

Ainda consigo ouvir a voz da minha mãe a dizer-me que tinha muitas saudades minhas. Recordo-me de uma vez ela me dar um relógio Timex tentando que eu, a sua própria filha, lhe concedesse um sorriso em troca.

Compreendo agora o desgosto que tudo isso lhe deve ter causado, mas na altura, eu não sentia nada pelos meus pais.

Foi neste cenário que se desenvolveu a minha relação com os meus pais. Saí de casa aos 17 anos, casei-me, e tive logo um bebé pouco depois de fazer 18 anos.

Como adulta censurava a minha mãe por nunca ter deixado o meu pai. Sentia-me superior a ela pois na minha mente, eu estava confiante que, dada a situação, nunca escolheria o meu marido em detrimento de um filho. Julguei-a, e vejo agora, que muito provavelmente isso também contribuiu para a sua infelicidade. Ainda hoje me sinto incomodada com isso.

Já todos lemos e ouvimos muito sobre maus tratos no âmbito doméstico. No Canadá temos a sorte de poder chamar a Polícia, pedir ajuda, fazer queixa e solicitar providências cautelares. E Portugal, isso só passou a ser possível em 2010 e durante anos, os pedidos de ajuda da minha mãe caíram em orelhas moucas. Nem a Polícia local, que no caso se tratava da Guarda Nacional Republicana, a GNR, nem o hospital local fizeram fosse o que fosse para a ajudar.

Lembro-me de uma vez, já os meus pais viviam em Portugal, eles me terem ligado para o

Canadá. Telefonaram a meio da noite. A minha mãe tinha saído de casa depois de o meu pai a ter agredido. O meu pai pediu ajuda à Polícia. Encontraram-na e trouxeram-na para casa. Durante a chamada pedi para falar com um dos agentes que ainda se encontravam em casa e disse-lhe que ele tinha que prender o meu pai. O que este agente me disse ficou para sempre gravado na minha memória e vai perseguir-me até ao fim dos meus dias:

– Que tipo de filha é que quer que o pai vá preso? Perguntou-me ele!

– O tipo de filha que quer que os dois continuem vivos, retorqui com um nó na garganta.
– A sua mãe é louca e um homem chega a um ponto que já não aguenta mais, respondeu-me e desligou.

Fiquei furiosa. O agente tornou claro que não ia ajudar a minha mãe, por isso escrevi um e-mail para o posto da GNR local, relatando o incidente. O meu pai foi chamado para prestar declarações e foi libertado pouco depois. Afinal, tudo o que consegui foi que o meu pai ficasse furioso comigo.

Pouco tempo depois, numa outra ocasião, recebi outra vez uma chamada deles, a meio da noite, e tudo o que conseguia ouvir era a minha mãe a gritar:

– Ema, ele vai-me matar, Ema, o pai vai-me matar querida... – e a seguir os gritos do meu pai a ralhar com ela, a ordenar-lhe que estivesse quieta. Do lado de cá da linha, tudo o que eu podia fazer era chorar com a consciência de que estava a um oceano de distância.

A minha mãe começou então a entrar e a sair de hospitais psiquiátricos pouco tempo depois de terem chegado a Portugal em 1983. Passou meses numa clínica mental privada chamada "Casa de Saúde Rainha Santa Isabel" perto de Coimbra. Passava lá três meses seguidos, voltava para casa, e conseguia manter-se num estado satisfatório durante cerca de um ano. Depois recaía e tinha que regressar à casa de saúde.

Depois, durante os doze anos seguintes, parou co

m os tratamentos psiquiátricos e começou a automedicar-se, fazendo-o muitas vezes de forma exagerada e consultando todos os médicos possíveis em Portugal e até mesmo em Espanha.

A diferença horária entre Portugal continental e Toronto é de cinco horas. Nos últimos três anos de vida da minha mãe, sempre que brigavam, eu acabava por receber mais um telefonema deles o que acontecia ser sempre a meio da noite, aqui em Toronto. Brigavam durante toda noite e pela manhã a discussão atingia o auge. Durante estes telefonemas conseguia perfeitamente ouvir do outro lado da linha, os gritos que trocavam entre si. Uma vez mais a minha mãe gritava-me:

– Ele vai-me matar, ele vai-me matar. Ema, acode-me por favor, que ele vai-me matar. Estes gritos ecoam-me na cabeça ainda hoje.

Noutra ocasião, durante mais uma destas discussões, a chamada caiu enquanto eu ouvia o meu pai a bater na minha mãe. Tentei desesperadamente ligar outra vez preocupadíssima com o que poderia estar a acontecer à minha mãe a milhares de quilómetros de distância, sentindo-me ao mesmo tempo dominada por um sentimento de total impotência. Finalmente alguém atendeu o telefone identificando-se como sendo um agente da GNR. Era também um amigo do meu pai. Informou-me que a situação se encontrava sob controlo e que a Polícia havia sido chamada por um vizinho. Quando lhe perguntei em que estado se encontrava a minha mãe respondeu-me que se encontrava bem, que o meu pai se tinha zangado e que lhe tinha batido, havendo, no entanto, prometido que não o tornaria a fazer. Disse ao agente que o meu pai deveria ser formalmente acusado já que estes episódios se repetiam constantemente, ao que o agente respondeu:

– Você é uma má filha. Então você quer que a gente prenda o seu pai só porque ele bateu um bocadinho à sua mãe? Mas que raio de filha é você? Respondi de novo:

– Sou uma filha que quer ver os dois pais vivos e não um a matar o outro. Um dia destes ele ainda vai matá-la!

– Bom, ele prometeu que não o voltava a fazer – respondeu – por isso vou desligar. E desligou. Este agente devia saber que eu tinha apresentado queixa na ocasião anterior. Soube mais tarde que desta vez ele apresentou o respetivo relatório desta ocorrência.

Depois de a minha mãe ter sido internada num hospital público, o psiquiatra que a tratava informou-me que a minha mãe ouvia vozes e que por isso necessitava de tomar os medicamentos indicados para o efeito, a fim de poder retomar a sua vida. Na altura não me apercebi que se tratava dum sintoma característico de esquizofrenia, e para ser franca, não perdi tempo para saber o que isso era. Este mesmo médico sugeriu que eu solicitasse assistência para cuidar dela, uma vez que o meu pai já não se encontrava capaz de efetiva e capazmente tomar conta dela.

Chegou também ao meu conhecimento que os meus pais consultavam bruxas na tentativa de curar as maleitas da minha mãe, a troco de centenas de Euros, com a colaboração dum taxista que os aconselhava onde ir, os transportava a estes locais, obviamente lucrando muito com isso, no que era claro ser um esquema de abuso financeiro de um casal fragilizado de dado a crendices.

Concordei com a sugestão do médico e em 2006 e requeri ao Tribunal uma autorização para pôr a minha mãe numa instituição e tentar resolver o problema do abuso financeiro. O Tribunal, no entanto, decidiu que a minha mãe não representava nenhuma ameaça para si própria nem para os outros, e baseado entre outras coisas, nos relatórios da GNR, por exemplo, que afirmavam que a minha mãe não se encontrava em perigo perante o meu pai, decidiu também não emitir uma ordem judicial que a pudesse forçar a ir para uma instituição psiquiátrica, embora tivesse ficado registado que havia problemas.

Depois disto continuaram as agressões. Envergonho-me de dizer que, entretanto, deixei de falar com a minha mãe. Sempre que tentava falar com ela, chamava-me nomes, gritava-me e acusava-me de nunca ter querido saber dela. Por vezes, quando estava com ela ao telefone, o meu pai tirava-lhe o telefone, ou ligava-me quando ela estava a dormir, e dava-me conta de quão doente ela se encontrava, acrescentando que não conseguia cuidar dela. E o tempo foi passando.

Em 2010 contratei um advogado e recorri uma vez mais aos tribunais. Queria a guarda dos seus bens, a fim de poder supervisionar o seu bem-estar. Queria colocá-los numa instituição de idosos onde a minha mãe pudesse receber o tratamento adequado, e os dois se encontrasse numa posição em que não se pudessem magoar um ao outro. Um qualquer local onde o meu pai não a pudesse agredir.

Este facto só causou mais raiva à minha mãe. Interpretou esta ação como se eu a quisesse defraudar dos seus bens, como se eu a quisesse roubar. Quando o meu então pai me ligava, eu ouvi-a perfeitamente a gritar, vociferando-me os piores nomes e lançando-me todo o tipo de acusações.

O meu pai contratou um advogado local, a quem já tinha recorrido por outras razões no passado, mas quando começou a parecer que o Tribunal pendia a meu favor, despediu-o e contratou um advogado de fora a quem forneceu uma versão distorcida das nossas vidas. O meu pai pagou a "testemunhas", pessoas que nunca me conheceram, para dizerem em tribunal que eu era uma pessoa horrível e que nunca quis saber deles. Por mais que o meu advogado quisesse contrapor tais argumentos, o juiz acabou por ficar com as mãos atadas pela lei. No final o meu pai provou que sabia o valor do dinheiro, sabia aritmética básica, que dia da semana era, onde estava, etc., e afirmou que era capaz de tomar conta da minha mãe. A minha petição foi negada.

Aproximadamente duas semanas depois da decisão judicial, liguei ao meu advogado pedindo-lhe que fosse ao hospital local e averiguasse porque é que uma enfermeira me disse que não me podia atualizar sobre a situação da minha mãe e aconselhando-me a telefonar de novo e a falar com uma assistente social.

O meu advogado disse-me que ia fazer imediatamente alguns telefonemas e acrescentou:

– ... isto é uma grande coincidência, há apenas alguns dias encontrei o juiz que presidiu no nosso julgamento, ele pediu desculpa de não lhe ter sido possível decidir a nosso favor dizendo que todas as testemunhas apresentadas tinham afirmado que o meu pai era capaz de tomar conta da minha mãe e que isso era o que a lei exigia o que impedia que ele agisse de forma diferente. Eu disse-lhe que provavelmente este caso não ia ficar por aqui e que esperava que tudo isto não acabasse numa tragédia em breve.
E acabou mesmo.

Nunca saberei se foi a ida ao tribunal que contribuiu para o aumento das agressões que o meu pai a partir daí infligiu à minha mãe, mas o que é certo é que lhe provocou danos cerebrais. Nunca saberei se acabei por agravar a situação ao tentar proteger a minha mãe.

O meu lado racional diz-me que o comportamento do meu pai não teve nada ver comigo ou com aquilo que eu fiz ou que não fiz. O meu lado emocional, porém, põe em questão as minhas ações.

As pesquisas sobre violência doméstica na Europa indicam que uma em cada cinco mulheres sofrem desse flagelo.

De acordo com informações encontradas no website "Stop Violence Against Women", um projeto do "Advocates of Human Rights"," em todo o mundo, entre 40 e 70% de todas as mulheres assassinadas, foram vítimas do seu companheiro."

A mesma fonte acrescenta: "As estatísticas sobre a prevalência deste fenómeno, demonstram que a violência doméstica é uma epidemia mundial."

Um artigo da "Canadian Women's Foudation", intitulado "Moving Women out of Violence", afirma: "em média, a cada seis dias, uma mulher é morta no Canadá pelo seu companheiro. Em 2009, 67 mulheres foram assassinadas pelos atuais, ex-companheiros ou namorados."

Encontrei um artigo em CNN.com, escrito por Amanda MacMillan da Health.com, datado de 2 de agosto de 2011, que diz o seguinte: "As mulheres têm, de forma drástica, muito mais probabilidades de vir a sofrer de doenças mentais em determinado ponto da sua vida, se tiverem sido vítimas de violação, agressão sexual, perseguição ou de violência doméstica, de acordo com um novo estudo levado a cabo pelo "Journal of the American Medical Association." No seu artigo, Amanda cita Andrea Gielen: "Enquanto que a ligação entre estas angustiantes experiências e precária saúde mental não surpreenda, os especialistas afirmam que estes estudos apenas reiteram a forte interligação que existe entre estes dois problemas, e a necessidade evidente de os médicos e outros prestadores de cuidados de saúde, questionarem as mulheres sobre possíveis episódios de natureza violenta a que tenham sido sujeitas, mesmo que tivessem ocorrido há muitos anos.

Quando os especialistas estão a tratar de mulheres com depressão ou distúrbios mentais, é boa ideia partir do princípio que a causa por detrás do efeito, poderá muito bem ser a violência." Afirma Andrea Gielen, Sc.D., diretora do "Center for Injury and Policy" da Universidade John Hopkins em Baltimore, que não participou neste estudo.

Amanda acrescenta ainda: "Pesquisadores australianos analisaram uma amostra representativa a nível nacional de dados de saúde de mulheres australianas com idades compreendidas entre os 16 e os 85 anos. Episódios de agressão sexual, perseguição e outros tipos de violência de género, eram muito comuns, com 27% do grupo relatando pelo menos um destes episódios. Cinquenta e sete por cento das mulheres com um historial de violência, tinham também um historial de depressão, doença bipolar, perturbação de stresse pós-traumático, consumo de drogas e ansiedade (incluindo síndrome do pânico e perturbação obsessiva-compulsiva), contra 28% que nunca tinham sofrido nenhum tipo de violência de género.

Entre as mulheres que tinham sido expostas a pelo menos três tipos de violência, a taxa de distúrbios mentais ou de consumo de drogas aumenta 89%."

O artigo termina com uma citação de Susan Rees:

"A extensão e a solidez que encontrámos nesta ligação foi surpreendente e muito preocupante"–afirma Susan Rees, Ph.D., investigadora sénior da Universidade de Nova Gales do Sul, em Sydney.

Rees e os seus colegas não podem afirmar com toda a certeza que os problemas mentais foram desencadeados pela violência, ou se as mulheres que já apresentavam distúrbios mentais pré-existentes, estariam por isso mesmo mais propensas a serem vítimas de violência. Conseguiram, contudo, identificar uma série de fatores mitigantes como por exemplo, o estatuto socioeconómico e historial de distúrbios mentais familiares.

"Há, no entanto, provas irrefutáveis que episódios traumáticos – especialmente a nível interpessoal – podem desencadear problemas mentais." – afirma Rees.

"Mais ainda – acrescenta – episódios de violência de género podem ocorrem na infância, e cujas consequências só se revelam anos mais tarde."

Sei que as minhas filhas nunca conhecerão o outro lado da minha mãe. Era uma mulher forte e trabalhadora. Por exemplo, quando viemos para o Canadá, a minha mãe trabalhou alguns verões na agricultura, perto de Chatham, na apanha de tomates e pepinos. Este emprego durava cerca de dois meses. Na primavera, no resto do verão e no outono trabalhava à noite a apanhar minhocas em parques e campos de golfe. Tal como muitos outros emigrantes portugueses nos anos setenta e princípios de oitenta, estes eram os trabalhos que os emigrantes conseguiam encontrar.

Tenho recordações bonitas da minha infância quando ia com a minha mãe para quinta onde ela trabalhava que pertencia à família Cameron. Recordo-me que foi aí que comi pela primeira vez uma sanduíche de manteiga de amendoim e compota. Como estava a chover, comemos dentro de casa com o Sr. Cameron, a esposa e o filho mais novo, o Patrick, que era da minha idade. Ficou-me na memória, pois não era a típica comida portuguesa. Tenho também recordações da minha mãe trabalhar numa fábrica de sapatos na College St., em Toronto, mesmo em frente à escola de Santa Helena. Lembro-me dela me ver a brincar no recreio e de me ver sair para a rua logo no início da hora almoço. Nessa altura eu não gostava do almoço que trazia de casa e atirava-o fora. Ela sabia disso e todos os dias quando eu chegava a casa, perguntava-me sempre o que é que eu tinha feito ao almoço.

Era também uma mãe fixe. Comprou-me o meu primeiro "tube top", um caicai. Aparava-me as sobrancelhas com uma pinça, pela primeira vez, e punha-me um produto cosmético que me fazia parecer um pouco corada.

Infelizmente, essas não foram as recordações que permaneceram na minha mente. Foram sim os abusos sofridos às mãos do meu pai, que me marcaram e que me vêm primeiro à memória.

O meu pai não só abusava da minha mãe fisicamente, mas emocionalmente também. A minha mãe defendia-o sempre mesmo depois de lhe terem sido conhecidos alguns casos e depois de ter sido condenado a seis meses de prisão em Portugal por crime de ato obsceno em público.

Obviamente tudo isto foi muito traumático para mim, que era adolescente na altura, mas hoje, como mulher adulta, faço ideia do quão devastador deve ter sido para a minha mãe. Acredito que este abuso emocional lhe deve ter causado um enorme desgosto e lhe estilhaçou a sua autoconfiança.

Quando eu era adolescente, pensava que a minha mãe se tinha pura e simplesmente, transformado numa pessoa má.

Hoje, infelizmente de forma tardia, apercebo-me que ela estava apenas a tentar aguentar. A dor causada pela traição conjugal é insuportável, e às vezes, mesmo muito difícil de recuperar. Em retrospetiva, na minha opinião, esse foi o princípio do fim da sua vida.

Lamentarei eternamente o facto de a ter deixado sozinha na sua viagem. Estigmatizei a minha mãe porque sofria duma doença mental. Ao fim e ao cabo não hesitei em julgá-la.

Sinto-me culpada e lamento tê-la tratado de forma tão injusta. Tive vergonha dela e juntamente com o meu egoísmo, privei-a de conhecer os seus netos e bisnetos.

Se eu tivesse compreendido mais cedo e não me tivesse sentido tão desconfortável junto dos meus pais, talvez ela nunca se tivesse sentido sozinha. Talvez ela tivesse percebido que era amada.

Tive amplas oportunidades de passar tempo com a minha mãe. Em setembro de 2012 visitei-a numa instituição para idosos mas preferi não passar todo o dia com ela, embora o pudesse ter feito. Nessa altura ela já não conseguia falar comigo, mas é claro que eu poderia muito simplesmente fazer-lhe companhia. Poderia tê-la abraçado. Poderia ter-lhe agarrado a mão e mostrar-lhe fotografias dos netos. Podia ter-lhe falado neles, mas não o fiz.

Eu sei que ela conseguia ouvir-me, mas para mim era tão desconfortável estar ali, vê-la a ser alimentada e a ver ela comer como se estivesse sempre esfomeada. Desejava desesperadamente distanciar-me daquela situação. Sentia-me envergonhada.

Houve também outras alturas em que eu lhe poderia ter demonstrado um pouco mais de compaixão. Alturas em eu deveria ter compreendido o seu pedido de ajuda. Alturas como quando eu fui a Portugal ao funeral da minha madrinha e família, e mal arranjei tempo para a ir ver. Então, tudo o que me ocupava a cabeça, era o facto de a minha madrinha, irmã do meu pai, ter morrido num acidente de automóvel quando vinham de Lisboa, para vir passar uns dias com os seus pais. O relatório do acidente descreve que ao tentarem efetuar uma ultrapassagem, chocaram de frente com um camião, o que provocou as mortes da minha madrinha, do marido e filho e de uma sobrinha do marido que viajava com eles e vinha de regresso a casa da família depois de ter passado umas férias em casa do tio.

Neste altura a minha filha mais nova, tinha onze meses, e recordo-me da minha mãe estender os braços para ela e perguntar:

– É a nossa menina?– e pegou-lhe a transbordar de amor.

Mais tarde, porém, quando eu chorava pela morte da minha madrinha, ela não hesitou em dizer:

– Estás triste pela tua madrinha e choras por ela. Quando eu morrer não vais chorar por mim! Fiquei zangada quando ela me disse aquilo. Achei que era profundamente egoísta e completamente desapropriado, mas hoje, ao tornar a pensar nisso, reconheço como ela se encontrava carente, triste e confusa. Em vez de ter ficado zangada, poderia ter respondido com amor e dizer-lhe – "Claro que também vou chorar por ti, mãe. Eu também te amo tanto." Hoje choro pela minha mãe. Amava-a e tenho saudades dela.

Resta-me a consolação que quando ela olhou para a minha filha nos olhos, tivesse sentido então, pelo menos por alguns momentos, o mesmo amor que eu sinto hoje nos olhos dos meus netos quando olho para eles.

Deveria ter passado mais tempo com ela, sim! Mas nunca lhe dei essa oportunidade. Dois dias depois deixei-a e fui para casa dos meus sogros na altura, e levei a minha filha comigo. Em vez de passar mais tempo com a minha mãe, preferia manter-me longe dela.

E houve muitas outras vezes como esta. Com efeito, demasiadas vezes mesmo. Era como se eu me sentisse uma estranha quando estava com os meus pais. Hoje lamento tudo isso profundamente porque, mesmo sendo uma estranha, a minha mãe era um ser humano, sofria de doença mental e merecia toda a minha compaixão e cuidado. Nesse aspeto, fracassei redondamente.

Quando o meu avô se encontrava às portas da morte, lenta e inexoravelmente a perder a sua batalha contra um cancro, eu fui a Portugal vê-lo. Por essa altura a minha mãe estava a ser hospitalizada. Recordo-me de entrar no quarto do hospital onde ela estava e de ela, quando me viu, ficar muito contente e exclamar – Minha filha! – e de me abraçar longamente, como se nunca mais me fosse largar. Senti-me inconfortável e envergonhada. Queria fugir dali para fora. Deve tê-la ferido bastante saber que eu estava ali porque me tinha vindo despedir do sogro dela, que estava a morrer.

A verdade é que a minha mãe era doente mental e eu tinha vergonha dela. Não tinha paciência nem tolerância.

Eu sei que o tempo não volta para trás e sei que não posso inverter o sentido dos ponteiros do relógio. A vida não é um filme de Hollywood. Contudo, o que eu mais desejo, é que alguém possa aprender algo com os meus erros.

Hoje tenho menos paciência para os que falam desrespeitosamente dos doentes mentais.

Quando eu disse à minha tia, irmã do meu pai, que a minha mãe estava no hospital e que não ia regressar a casa porque o meu pai tinha sido constituído arguido por lhe ter batido, lembro-me exatamente das palavras que disse:

– "Olha, lamento muito, mas ela mereceu! Quem é que consegue aguentar aquilo. Lamento dizê-lo, mas ela era uma pessoa má."

Estas palavras magoaram-me profundamente, mas em vez de defender a minha mãe, engoli em seco e quando cheguei a casa, descarreguei com a minha filha e com o então meu marido. Ninguém merece ser agredido e muito menos ninguém merece ser agredido ao ponto de entrar em estado vegetativo como aconteceu à minha mãe. Perdeu o andar e ficou incapaz de se alimentar sozinha, ou de ir à casa de banho sem a ajuda de outra pessoa. Perdeu a fala.

Agradeço a Deus e agradeço às rudes palavras da minha tia, terem despertado em mim o desejo de a ver antes de ela falecer.

Apesar de compreender isto, ainda me sinto mal quando vejo as fotografias na casa dos meus pais em que a minha cara foi recortada das mesmas, mas já não me sinto zangada. Sinto-me triste pelo facto da minha mãe não ter tido a experiência de sentir o amor de filha e triste também por não ter tido a oportunidade de conhecer e conviver com os seus netos e bisnetos. Disso, sinto uma grande responsabilidade.

Apesar do ambiente em que fui criada, tenho duas maravilhosas filhas, equilibradas e afetuosa a quem eu amo muito. A minha filha mais velha tem duas crianças, quem evidentemente adoro, e a quem eu cubro de beijos e abraços. Adoro o som da palavra "vovó", quando me estão a chamar. É uma coisa que não tem preço.

Quando olho para estas preciosas crianças, vejo uns maravilhosos olhos azuis. Olhos que me são familiares. Os olhos da minha mãe.

CAPÍTULO III
INTRODUÇÃO AO ALPINISMO

Ter que lidar com a saúde mental dos meus pais, e ao mesmo tempo navegar pela minha vida pessoal carregada de desconfiança, mentiras e adultério, revelou-se uma tarefa sufocante. Houve muitos dias em que eu, pura e simplesmente, não conseguia funcionar.

Em 2010, iniciei uma campanha de angariação de fundos a favor da Associação Canadiana de Esclerose Lateral Amiotrófica (ELA), porque Charles Valliere, um dos tradutores de francês da minha empresa, tinha sido diagnosticado com essa doença.

O Charles estava a trabalhar para a Language Marketplace, havia ainda menos de um ano, quando foi diagnosticado com ELA. Foi através desta contratação, e subsequentes eventos, que eu acredito que Deus começou a falar comigo. Não de uma forma literal, claro está, mas através de uma série de pessoas e de situações que se atravessaram no meu caminho como se estivessem ali, para me ajudarem a sarar as feridas.

A minha iniciativa em iniciar aquela campanha de angariação de fundos a favor da ELA foi o princípio. Foi apenas um pequeno passo, mas certamente que foi mesmo o princípio propriamente dito.

O meu interesse em correr como desporto continuou. Até comecei a ler uma revista dedicada ao assunto chamada Running World. Lembro-me que em 2015 um anúncio para escalar o Monte Denali, chamou a minha atenção. Tratava-se de um curso de preparação para a escalada daquele monte, e que era apenas composto por mulheres, que iria ter lugar no Monte Rainier no estado de Washington durante seis dias.

Na realidade eu nem sabia onde se situava o Monte Denali e fui à procura na net. Recordo-me de estar sentada na minha sala de estar a ler sobre a formação que a empresa fornecia, e a começar a sentir uma grande vontade de subir montanhas. Na realidade, estava era a sentir vontade de correr, de caminhar, ou fosse do que fosse, que me afastasse da dor que me afligia.

Não me inscrevi, mas guardei aquela revista que acabou por ficar a fazer parte da decoração da sala durante dois anos.

Eventualmente o Charles faleceu, o que me trouxe à memória a morte da minha mãe em 2013. Nessa altura, encontrava-me em sofrimento a nível pessoal, e lutava desesperadamente para encontrar uma maneira de sarar as feridas que me atormentavam. Tentava sobreviver.

Assim, em princípios de 2017, inscrevi-me para a escalada de formação do Monte Rainier com o fim de escalar o Monte Denali. Fiquei com grandes expectativas sobre o que iria ser esta formação, e quão benéfica seria para o meu espírito. Sentia-me entusiasmada! Ia fazer a formação proposta pela empresa RMI Expeditions, para me preparar para a grande empresa. Quando lá cheguei, depressa me apercebi de que não me tinha treinado convenientemente, mas em boa verdade, eu também não tinha ideia de como proceder.

Quando olho para o meu diário, no dia 8 de maio de 2017, leio o seguinte:

"Treino 7 dias por semana. Estou a seguir um programa chamado 'Em Forma para Escalar' ministrado pela RMI, a fim de preparar a minha escalada do Monte Denali. Trata-se de uma formação chamada 'RMI's Expedition Skills Seminar – Emmons', que consta duma formação de seis dias sobre montanhismo e que culmina com uma tentativa de atingir o cume do Monte Rainier, via o glaciar Emmons.

Simultaneamente, comecei a aprender escalada em rocha com um treinador pessoal, que me ajudou a fortalecer o tronco, de forma a eu poder tentar a subida da Pirâmide Carstensz mais tarde, assunto que abordarei depois.

Hoje foi um dia particularmente duro. Ontem fiz uma caminhada de 3 horas, como parte do treino desta semana da RMI, o que foi seguido hoje duma caminhada de 7 horas com uma mochila de 17 kg às costas.

Quando se corre a maratona, a mente às vezes, parece que brinca connosco. Pelo menos comigo, é isso que acontece!!! Primeiro começa com toda aquela excitação da partida, e normalmente por volta dos 10 km, começa-se a pensar que se calhar foi má ideia ter participado na maratona completa. Depois, assim de repente, resignamo-nos a completar toda a prova. Quando chegamos aos últimos 4 ou 5 km da meta, aí começamos mesmo a questionar se estamos bons da cabeça para estar a fazer aquilo.

Hoje aconteceu o mesmo comigo. A 4 km de chegar a casa e depois de 6 horas de caminhada, pensei se não seria boa ideia telefonar à minha família a pedir que me viessem buscar. Contemplei seriamente a ideia de deixar a mochila à beira da estrada e vi-la buscar mais tarde. Comecei a duvidar se realmente conseguiria levar a cabo escalar montanhas.

Entretanto cheguei às escadas da porta e apercebi-me que no dia seguinte eu iria atar os atacadores das botas e prosseguir com mais um dia de treino como programado. Tal como correr, a caminhar é uma atividade tranquila e desafiante e faço-o porque adoro fazê-lo.

Tal como quando estava a treinar para a maratona, enchi a banheira de hidromassagem e deixei-me aí ficar durante 20 minutos, com os jactos na potência máxima. Sei que isto é um luxo que não vou ter na minha tenda, mas como ainda estou em casa, vou aproveitar enquanto posso.

O treino físico é duro, mas o treino mental não lhe fica atrás. Hoje o meu cérebro estava mais cansado que o meu corpo, e isso foi como se houvesse um conflito entre os dois."

Refletindo sobre esta página do meu diário, e sobre quão difícil era treinar, recordo-me de ter encontrado paz, se bem que ainda me encontrasse numa fase inicial do treino. Paz na solidão e paz por me desafiar a mim própria. Decidi mesmo ir mais além e comprometi-me a participar na escalada dos 7 cumes numa campanha de angariação de fundos a favor da Fundação "Mental Health for Peaks for Change Foundation" e estava-me a preparar para escalar a Pirâmide Carstensz após escalar o Monte Rainier. Esta paz, no entanto, foi completamente estilhaçada quando fui para o curso de preparação do Denali, para treinar com um grupo de mulheres desconhecidas. A minha primeira escalada, a do Monte Rainier, revelou-se numa experiência absolutamente desmoralizante.

Claro que aprendi bastante incluindo coisas que podem não ser importantes para alguns. Aprendi a dormir numa tenda em qualquer tipo de chão, seja sobre neve, seja gelo ou chão seco. Aprendi a partilhar uma tenda com outras duas mulheres. Pode não parecer grande coisa, mas para mim foram grandes descobertas já que eu nunca tinha acampado antes disto. Aprendi também, que embora no passado eu tivesse apreciado em experiências em ambientes exclusivamente femininos, a minha apreciação, desta vez, não foi assim tão boa. Talvez fosse porque no passado essas experiências foram sempre orientadas para a diversão em conjunto com outras mulheres, como por exemplo, surfar na Costa Rica ou no México. Ou talvez fosse porque, durante a formação, tive algumas experiências muito desagradáveis. Uma delas foi levar uma mochila às costas com metade do meu peso durante a subida, enquanto que outros elementos do grupo aligeiraram o peso da mochila para que a subida se tornasse mais fácil.

É natural também que o impacto que esta experiência teve em mim, tivesse sido amplificada pelo facto de eu estar ansiosa para aprender numa altura em que eu estava a recuperar de algumas costelas partidas, assunto que também abordarei mais tarde.

Fosse qual fosse a razão, estava desiludida. Desiludida com o meu próprio entusiasmo. Desiludida pela falta da agitação, emoção e entusiasmo, que eu esperava ir encontrar numa formação deste tipo, num grupo numeroso de mulheres.

Andava à procura de encontrar o apregoado "poder feminino", que na verdade não se encontrava ali.

Quando eu treinei em casa ou quando corria, corria e treinava sozinha. Passei meses a treinar para a primeira escalada, e fi-lo sempre sozinha. Agora, neste grupo de mulheres, eu tinha que me adaptar ao ritmo das outras. Fosse durante a manhã quando nos preparávamos para iniciar o treino diário e tinha que esperar por aquelas que inevitavelmente se atrasavam, ou fosse porque já durante o dia e em plena escalada, havia que esperar pelas retardatárias o que causava uma grande alteração no ritmo da subida, o que é certo é que eu achei a jornada fatigante e desmotivadora.

Senti como que uma falta de confiança em relação às minhas outras colegas participantes. Considerava-me como uma pessoa autoconfiante e independente, e que apenas deposita confiança em quem provar merecê-la. Subitamente, encontrar-me amarrada por cordas de segurança a completas desconhecidas enquanto escalava uma montanha, foi motivo para me causar alguma ansiedade.

Esta formação de alpinismo neste grupo de mulheres, revelou-se mais competitiva do que educacional. Às vezes chegava ao ponto de ser cruel. Foi uma experiência que não foi, definitivamente, no sentido de fortalecer a confiança, bem pelo contrário, foi desencorajadora. As nossas formadoras, todas mulheres, eram atenciosas e eram pessoas maravilhosas, mas no que diz respeito a serem guias instrutoras, não eram nem motivadoras nem encorajadoras. Fracassaram em considerar cada uma de nós como pessoas numa formação que estão ali para aprender algo que não sabem, e trataram-nos como concorrentes. Fracassaram em ver para além da nossa aparência e dos nossos atributos físicos limitando-se a perpetuar o estereótipo das mulheres que competem umas com as outras, incapazes de trabalhar em conjunto apoiando-se umas às outras para conseguirem alcançar um objetivo comum. E eu, ávida para encontrar a minha tribo de mulheres, fiquei desanimada.

Durante os anos que se seguiram, em cada um dos cumes que eu escalei, eu recordava inevitavelmente como quase lhes forneci o poder de me esmagarem a alma.

Às vezes penso que a minha experiência com este grupo talvez encerre uma lição de maiores dimensões. Não me refiro à aprendizagem de como caminhar com crampons de alpinismo e saber apertá-los bem, o que eu sabia, como usar o machado de gelo ou como satisfazer as necessidades em plena montanha, o que também fiz em ambas as situações. Refiro-me à minha autoconfiança e à confiança na minha capacidade de saber escalar. Confiança na minha capacidade de saber manter-me quente e a confiança de saber os protocolos necessários para ir à "casa de banho" num local remoto e selvagem. Confiança de que me bastava a mim própria. Tudo isto só mais tarde é que me ocorreu. Quando regressei da minha formação no Monte Rainier em junho de 2017, e quando os meus colegas de trabalho, os meus amigos e a minha família me perguntavam como tinha corrido a minha formação, eu apenas fui capaz de lhes dar uma resposta curta e limitava-me a um "correu tudo bem".

Felizmente para mim, o meu amigo Emmanuel, sondou-me mais profundamente e eu confessei-lhe que detestava alpinismo e que aquilo afinal não era para mim.

Depois de lhe contar aquilo que passei, ele disse-me simplesmente mas de forma segura "Não te preocupes. Escalar num grupo que seja maioritariamente composto por homens, não é assim. Carstenz vai ser diferente. Vais ver".

Confiei nele.

Também sabia que, apesar da minha experiência durante aquela formação, eu tinha aprendido a maravilhar-me com a beleza incomensurável das montanhas, verdadeiras obras grandiosas da natureza. Estava já a caminho de mergulhar na primeira dependência na minha vida – ouvir o silêncio da natureza em altitude e admirar aquelas maravilhosas vistas desobstruídas que se estendem por quilómetros e quilómetros.

CAPÍTULO IV
A CRIAÇÃO DA "PEAKS FOR CHANGE FOUNDATION"

Um dos momentos mais marcantes da minha amizade com o Emmanuel foi numa noite de verão, quando sentados no seu quintal, ele se voltou para mim e disse:

– Se me dessem 100 000 dólares, seria capaz de demonstrar o bem que era possível fazer ao mundo com esse dinheiro!

Foi apenas uma afirmação genérica numa discussão que estávamos a ter sobre instituições de caridade e sobre como ajudar os necessitados que existem pelo mundo fora.

Esta sessão de turbilhão de ideias com o Emmanuel, enquanto saboreávamos um copo de vinho branco, sentados em cadeiras de jardim e com a relva a acariciar os nossos pés nus falando destas coisas, germinou na minha mente. Foi isto que me deu a ideia de fundar uma instituição de caridade que ajudasse a acabar com o estigma sobre doenças mentais. Sabíamos que se ao menos ajudássemos uma pessoa a sentir que valia a pena viver, quando parecia que ninguém se importava com isso, então essa instituição e o nosso trabalho já teriam valido a pena.

Duas semanas depois enviei uma mensagem ao Emmanuel a dizer "Peaks for Change" (Cumes para mudança). Ele perguntou:" O que é isso?". Respondi: "É o nome da instituição". "OK", respondeu simplesmente.

"E eu vou escalar os sete cumes para chamar a atenção para a saúde mental e doar o dinheiro ao CAMH (Centro de Estudos sobre Vício e Saúde Mental de Toronto).

O Emmanuel recordou-me imediatamente: "Mas tu não vais conseguir escalar, lembra-te que tens medo de alturas e vais ter que dormir numa tenda, não há casas de banho, não há chuveiros e já mencionei que tens medo de alturas?"

Não me lembro quanto tempo me levou a responder, mas sei que alicercei a ideia de que ele me iria treinar, escalar comigo e ensinar. E prometi que iria trabalhar arduamente para aprender tudo o que fosse preciso inclusivamente dormir numa tenda.

O Emmanuel não é o tipo de homem que age primeiro e faz perguntas depois, mas é um bom amigo. Enquanto deixei que a ideia criasse raízes na sua mente, contactei o CAMH e combinámos uma reunião com Fundação CAMH onde propus a ideia da criação duma instituição de caridade, sendo a escalada de montanhas a nossa primeira iniciativa.

Comuniquei-lhes que o meu primeiro objetivo era angariar 700 000 dólares, ou seja, 100 000 dólares por cada montanha, para serem entregues ao CAMH, e eles concordaram.

Hoje apercebo-me quão ingénua eu fui nessa altura. Não tinha nenhuma ideia de como seria difícil angariar tais quantias de dinheiro em nome da saúde mental. A minha experiência principal em angariação de fundos, foi quando levei a cabo a campanha para a Esclerose Lateral Amiotrófica, o que foi muito diferente. A Esclerose Lateral Amiotrófica é uma doença rara. Por outro lado, os problemas de saúde mental, afetam 1 em cada 4 canadianos embora seja um assunto do qual raramente se fala. Na minha opinião, a saúde mental assusta a maioria das pessoas embora nunca o admitam.

Entrementes o surgimento da ideia da instituição da fundação, até à altura de pôr mãos à obra, fui ao México para surfar inserida num grupo de férias só de mulheres. Este grupo foi radicalmente diferente da experiência que tive na formação do Denali. Foi espantoso, inspirador e solidário. Saí de lá com a sensação que seria capaz de surfar as maiores ondas do Havai!

Recordo-me como se fosse ontem, estava eu a passear e a comer um gelado numa pequena localidade piscatória chamada Sayulita, quando tocou o meu telemóvel. Era o Emmanuel que, à queima roupa, me disparou a pergunta:

– Então sempre queres ir escalar uma montanha? Sorrindo respondi prontamente:
– Quero!

– Ótimo – retorquiu – vamos começar com Pirâmide Carstenz na Indonésia. O FX da Terra Ultima quer organizar uma expedição para irem lá pela primeira vez. O preço é bom e eu vou como o guia canadiano, para ter a certeza que regressas sã e salva – o Emmanuel vai sempre direto ao assunto.

– OK, obrigada! – foi tudo o que consegui dizer enquanto tentava o meu melhor para me manter serena, já que me sentia a mulher mais feliz do mundo naquele momento. Ainda me revejo, sentada na praia a conversar com as minhas companheiras de férias, com um grande sorriso na cara. Eu ia escalar, Oh meu Deus, eu ia escalar montanhas!

Dizem que nunca nos esquecemos da primeira vez que nos apaixonamos. Bom, naquele preciso momento, daquele dia, com um gelado numa mão e o telemóvel na outra, a falar com o meu melhor amigo no outro lado da linha, comecei a sentir aquela comichãozinha no estômago porque eu sabia, tinha toda a certeza, que me ia apaixonar pelas montanhas.

Quando revelei a minha ideia sobre a criação da fundação ao Steve – que era o meu marido na altura – o resultado foi uma grande discussão. Embora ele apoiasse a criação duma instituição de caridade, estava absolutamente contra a ideia que fosse a favor da saúde mental. Fingia apoiar-me e compreender que eu quisesse escalar montanhas, mas como em tudo o resto, não passava duma farsa.

No entanto eu estava decidida. Formei um Conselho de Administração formado por amigos e familiares que me apoiavam de todo o coração. Entre eles estava o Emmanuel, e o CAMH apoiava-nos recebendo os donativos.

Enquanto esperávamos pelo estatuto de instituição de caridade para a nossa Peaks for Change Foundation da Canada Revenue Agency, – o equivalente à nossa Autoridade Tributária e Aduaneira – eu comecei a treinar.

CAPÍTULO V

A PIRÂMIDE CARSTENSZ

Tornei-me na primeira mulher portuguesa a escalar a Pirâmide Carstensz, quando alcancei o seu cume no dia 11 de outubro de 2017.

A jornada para a Pirâmide Carstensz começou ao fim da tarde de 27 de setembro de 2017. Quando me sentei na sala de espera da Air France / KLM do aeroporto de Toronto, encontrava-me um pouco mais calma do que tinha estado em casa umas horas antes. Na realidade, no momento que cheguei ao aeroporto tive uma espécie de mini colapso nervoso. As minhas emoções mais profundas encontravam-se no limite. Sentia-me assustada, estranhamente culpada, mas ao mesmo tempo aquele grande entusiasmo e excitação de quem sabe que está a fazer aquilo que sente que deve fazer.

Lá no fundo, eu sou uma pessoa caseira. Mas quando viajo, gosto de quartos de hotel com uma boa cama, uma grande banheira, e claro, com uma bela vista. Desta vez, porém, ainda não tinha partido e já desejava estar de regresso junto da minha família.

Um dia antes de partir, o Paulo, um dos meus coordenadores de conta da Language Marketplace, leu-me o Salmo 91:

1. "Aquele que habita no esconderijo do Altíssimo, à sombra do Onipotente descansará.
2. Direi do Senhor: Ele é o meu Deus, o meu refúgio, a minha fortaleza, e nele confiarei.
3. Porque ele te livrará do laço do passarinheiro, e da peste perniciosa.
4. Ele te cobrirá com as suas penas, e debaixo das suas asas te confiarás; a sua verdade será o teu escudo e broquel.
5. Não terás medo do terror de noite nem da seta que voa de dia,.
6. Nem da peste que anda na escuridão, nem da mortandade que assola ao meio-dia.
7. Mil cairão ao teu lado, e dez mil à tua direita, mas não chegará a ti.
8. Somente com os teus olhos contemplarás, e verás o castigo dos ímpios.
9. Porque tu, ó Senhor, és o meu refúgio. No Altíssimo fizeste a tua habitação.
10. Nenhum mal te sucederá, nem praga alguma chegará à tua tenda.
11. Porque aos seus anjos dará ordem a teu respeito, para te guardarem em todos os teus caminhos.
12. Eles te sustentarão nas suas mãos, para que não tropeces com o teu pé em pedra.
13. Pisarás o leão e a cobra; calcarás aos pés o filho do leão e a serpente.

14. Porquanto tão encarecidamente me amou, também eu o livrarei; pô-lo-ei em retiro alto, porque conheceu o meu nome.
15. Ele me invocará, e eu lhe responderei; estarei com ele na angústia; dela o retirarei, e o glorificarei.
16. Fartá-lo-ei com longura de dias, e lhe mostrarei a minha salvação."

A seguir, amavelmente, fez uma prece pedindo a Jesus que me acompanhasse nesta viagem e que Deus me mostrasse o que quer que fosse que eu ainda não tivesse visto ou descoberto acerca de mim própria.

Durante esta jornada de quatro anos e meio, Deus não só me manteve a salvo, mas também me ajudou a regenerar dos males que me afetaram psicologicamente e encontrar conforto em Jesus.

Refleti em tudo isto enquanto esperava pelo meu voo. Estava a caminho de ir escalar o primeiro dos sete cumes tal como havia prometido fazer em nome da Peaks for Change Foundation. Esta escalada ia ser a mais técnica delas todas e eu era a única mulher do grupo. Estava nervosa, mas fiquei mais calma quando o Emmanuel, o meu guia e melhor amigo finalmente surgiu para apanhar aquele avião.

Foi um voo noturno de oito horas até Amesterdão a que se seguiu um intervalo de nove horas até apanharmos o próximo avião. Assim sendo, decidimos apanhar o comboio e visitar o centro da cidade. Ao passar pela alfândega, antes de sairmos do aeroporto, os funcionários reviravam-nos os olhos quando dizíamos que íamos só dar uma volta à cidade.

Amsterdão é uma cidade extremamente limpa, com bicicletas por todo o lado que muitas vezes circulam em faixas de rodagem concebidas apenas para bicicletas contando inclusivamente com os seus próprios semáforos. Eu nunca tinha saído do aeroporto de Amesterdão e esta paragem foi o pretexto ideal para eu aproveitar a oportunidade de embarcar num cruzeiro de uma hora pelos canais desta cidade, que foi nomeada como um dos 100 lugares mais importantes do mundo!

Em Amesterdão é frequente cheirar a canábis na rua, e à medida que explorávamos a cidade, verificámos que afinal havia muitos cafés onde a erva não só se fumava, mas também se vendia. Um amigo nosso, o Adam, que também nos ia acompanhar na escalada e que já estava em Amesterdão há dois dias, mandou uma mensagem ao Emmanuel a sugerir um destes cafés. Armados com os nossos telemóveis lá fomos seguindo o tracejado azul no ecrã dos nossos telemóveis à procura dum charro. Afinal estávamos em Amesterdão e nessa altura, a canábis ainda era ilegal no Canadá.

O Emmanuel, que já tinha estado anteriormente em Amesterdão, fez-me uma visita guiada ao famoso Red District. Era exatamente como eu tinha ouvido dizer: prostitutas exibindo os corpos em montras procurando atrair clientes. Entristeceu-me ver os turistas passarem demonstrando o mesmo entusiasmo que mostraram quando, apenas alguns metros atrás, passaram junto de uma velha igreja ou edifício histórico.

À medida que continuávamos a descer a estreita rua calcetada, passámos por várias lojas de brinquedos sexuais. O Emmanuel gracejou dizendo algumas piadas que me demoraram um pouco a compreender. Não sei se estava com a compreensão lenta ou se estava a ser ingénua, mas atribuí o facto às passas que tinha dado no charro que tínhamos fumado anteriormente.

O Emmanuel tem um grande sentido de humor em relação à vida. Vê o copo sempre meio cheio e não hesita em transmitir prontamente os seus pontos de vista. Para mim, foi a primeira vez que descortinei que afinal a vida não é só a preto e branco e que certamente podemos torná-la mais colorida.

Mais tarde no aeroporto, de novo sentada noutra sala de espera da KLM à espera do próximo voo, agradeci aos céus a maravilhosa família que tinha, especialmente as minhas filhas e os meus netos. Já tinha saudades deles. Tive saudades do meu marido, o Steve, que, pelo menos à superfície, me deu todo o seu amor e apoio.

Chegámos a Bali no sábado, dia 30 de setembro de 2017. A Indonésia tem 12 horas de diferença do Canadá.

O vulcão Monte Agung ainda não tinha entrado em erupção, mas libertava já fumos ameaçadores. As pessoas de Bali não pareciam muito incomodadas com isso. Apesar das últimas notícias darem conta duma erupção eminente, não há maneira de prever com exatidão quando é que o vulcão vai decidir mostrar a sua força.

Recordo-me quando o nosso avião aterrou e enquanto eu esperava pela bagagem, sentir-me aliviada por ter saído do avião e ter oportunidade de esticar as pernas e a mente depois de tão longa viagem. Estava finalmente em Bali.

Estava ansiosa a olhar para o carrossel da bagagem a girar, esperando vislumbrar os meus dois sacos. Lá dentro encontravam-se todos os acessórios de alpinismo que necessitava e que eram absolutamente insubstituíveis. Esta sensação repetiu-se em todas as minhas viagens de alpinismo. Uma vez que lhes pus a vista em cima e vi os sacos a virem na minha direção, pude respirar de alívio. Felizmente a bagagem do Emmanuel também chegou sem problemas.

O nosso hotel era apenas a poucos quilómetros do aeroporto. Ainda assim a viagem demorou uma hora. Pareceu-me uma eternidade. O trânsito da manhã ou do fim da tarde na Gardner Expressway em Toronto, parece uma pista de alta velocidade em comparação com esta viagem para o hotel!

Passámos dois dias a explorar Bali e fiquei bastante desiludida. Tinha criado as minhas próprias fantasias acerca de Bali, muito por culpa da publicidade. O hotel em si correspondia ao prometido como é apanágio da rede Four Seasons, mas pessoalmente tinha visualizado muito Surf, belas praias e quem sabe, talvez até apaixonar-me como no filme Comer, Orar, Amar da Julia Roberts!

Na realidade as praias encontravam-se vazias e as escolas de surf e de aluguer dos respetivos equipamentos, semidesertos. Eu sabia que existia a ameaça de erupção do Monte Agung, mas só o nosso avião chegou repleto de passageiros e o aeroporto não podia ter mais movimento. Não conseguia perceber onde estariam todos aqueles turistas. Depressa me apercebi que estavam todos nas piscinas dos respetivos hotéis porque as praias cheiravam mal. Mesmo mal! Havia uma quantidade enorme de lixo composto por todo o tipo de embalagens e sacos de plástico a dar à costa. Na água, parecia que algum navio de carga havia despejado no oceano uma quantidade gigantesca de condicionador do cabelo e de protetor solar, depois de expirarem os prazos de validade. Ainda por cima não havia ondas! Mas que grande desilusão!

Apesar desta experiência, a minha mente fervilhava de expetativa do que estava para vir. Estava, no entanto, bastante calma. Perguntava-me a mim própria se iria realmente ser a primeira portuguesa a escalar a Pirâmide Carstensz.

Bali era apenas um ponto passagem da nossa viagem para Timika, que fica na Papua Oeste, e que era o nosso ponto de partida para a tão ansiada escalada da Pirâmide Carstensz. À medida que os restantes componentes do nosso grupo iam chegando, fizemos um passeio turístico antes de levantarmos voo de Denpasar, em Bali, para Timika. O nosso avião levantou às 13:30, hora local, e eu estava cansada. Precisava de um café!

Preparei-me para as 4 horas e tal de voo e vi-me de repente ensanduichada no assento do meio entre o Adam e o Phillipe, dois companheiros desta viagem, apesar de ter pedido um lugar junto à janela. O meu pedido caiu em saco roto. Bem-vindos à Indonésia.

Quando chegámos ao aeroporto de Timika, toda a equipa se sentia empolgada enquanto observava atentamente a passadeira rolante da bagagem, à espera de ver chegar os sacos com o equipamento. Parecíamos um grupo de caminhantes com as nossas mochilas às costas, e enquanto esperávamos, alguns membros do nosso grupo encetaram uma conversa com um grupo de homens que me pareceram ser da China.

– Vocês vão escalar a Carstensz? – perguntou-lhes o Adam.

Disseram que sim, que realmente iam, acrescentando que esta era a sua terceira tentativa, mas que desta vez não iriam fazer a abordagem à montanha por marcha, como já haviam feito anteriormente, o que os forçou a desistir. Desta vez iam de helicóptero. Esta revelação assustou-nos secretamente, pelo menos a mim assustou-me um bocadinho. Acho que isso também nos fez sentir mais fortes e mais valentes, uma vez que planeávamos lá chegar pela marcha. Assumi que eles apenas se queriam gabar de ter escalado a Carlstenzs e o helicóptero era a maneira mais fácil de o fazer. Naquele momento não me incomodei muito com o que tinha acabado de ouvir ou pelo que nos podia esperar, mas mal sabia eu...

Colocámos as bagagens nos carrinhos e dirigimo-nos para a saída quando fomos todos parados e os nossos passaportes retirados.

– O quê?!
– Porquê?
– O que que se passa?

Sentia-me completamente impotente sem o meu passaporte. Ficámos sem palavras.

O Denny, o nosso guia indonésio contratado pela Terra Ultima, a nossa agência canadiana de expedições, não estava ali mas eu conseguia vê-lo na rua a olhar para nós, presos no interior. Não estava a perceber o que se estava a passar nem porque é que nos deixaram ali. Mais tarde o Denny disse-nos que tudo aquilo se tratava dum teste para avaliarem qual seria a nossa reação em face duma atitude hostil. Obrigado por nos dizeres agora Denny!

Agora que tenho mais tempo para pensar no assunto e já com a experiência de outras sete montanhas, não acredito naquilo que disse o Denny. Ao fim e ao cabo esta viagem deixou muito a desejar em termos de organização. Na minha opinião, e em retrospetiva, a verdadeira razão pela qual o Denny nos deixou ali "pendurados", foi para poupar algum dinheiro destinado a untar as mãos dos funcionários.

Baseada naquilo que soube mais tarde, os indonésios e particularmente os que habitam em Papua, não gostam muito de turistas nem de estrangeiros. Diz-se que os locais não veem com bons olhos os benefícios económicos trazidos pelos turistas que vêm visitar o seu país. Por estranho que pareça veem isso como uma invasão, quando na realidade apenas queremos escalar a montanha mais alta da Oceânia. Não faz sentido.

Depois do que pareceram ser horas, um dos empregados do Denny entrou e mostrou aos funcionários da imigração as nossas autorizações para escalar a Carstensz. Depois de muita discussão, um dos funcionários tirou fotografias aos nossos passaportes e finalmente devolveu-nos os mesmos. Tive que me recordar que nos encontrávamos num país estrangeiro onde ainda há poucos anos não hesitavam em alvejar estrangeiros a tiro e que há algumas décadas atrás se sublevaram em armas na sua luta de independência contra a Austrália. Era como se nós fôssemos o inimigo, e claro, a presença de militares e de carros de combate no aeroporto, constituíam um sinal claro de intimidação.

Ao grupo chinês aconteceu exatamente a mesma coisa: primeiro confiscaram os passaportes e depois devolveram-nos.

Depois de sairmos do aeroporto, fomos divididos em duas viaturas e conduzidos ao hotel. Aí descansámos até ao dia seguinte até à hora de apanharmos mais um avião, até ao local onde iríamos finalmente iniciar a nossa marcha.

O nosso hotel era de construção moderna o que contrastava vivamente com o ambiente de favela em que se encontrava inserido. Nessa mesma tarde tivemos que ir a outra repartição da imigração para preencher mais papelada em relação à autorização para escalar a Carstensz. Não percebi muito bem porquê uma vez que já havíamos tirado fotografias e apresentado essas autorizações no aeroporto. De qualquer forma, lá fomos à imigração, tirámos mais fotografias e assinamos a papelada. De novo. Sabem como é, "Em Roma sê romano".

Aqui tive a oportunidade de perguntar uma vez mais se mais alguém de nacionalidade portuguesa tinha alguma vez escalado a Pirâmide Carstensz. Asseguraram-me que agora são mantidos registos de quem escala a Pirâmide, e que não constava ninguém de nacionalidade portuguesa, homem ou mulher. Havia uma outra repartição em Naribe, onde também se podiam obter as autorizações para a escalada, mas o funcionário disse-me que, que ele soubesse, também não havia ninguém de nacionalidade portuguesa que tivesse feito o pedido em Naribe, e muito menos uma mulher.

Ele tinha razão no que diz respeito a nenhuma outra mulher portuguesa ter efetuado a escalada, contudo, Ângelo Felgueiras, efetuou a escalada antes de mim, o que me coloca então como a segunda pessoa portuguesa a conseguir chegar ao cume da Carstensz.

Depois da nossa visita à imigração, fomos às compras pois precisávamos de alguns artigos de primeira necessidade. Chapéus de chuva e alguma comida para mim, que era a única vegetariana do grupo. Umas latas de feijão e de milho seriam um complemento suficiente para o menu que iria ser fornecido pela agência, e que assumi seria variado e nutritivo. Aprecio agora o meu sarcasmo, enquanto escrevo esta página bebericando um vinho branco português de reserva 2015, acompanhado por umas batatas fritas e pico de gallo.

O Denny entretanto informou-nos que a nossa tenda casa de banho, com chuveiro e sanita, tinha sido roubada do nosso acampamento base, e que portanto teríamos que passar sem ela. "Não estejam a brincar comigo", pensei, "fazer alpinismo sem casa de banho nem chuveiro?"

Na minha perspetiva de pessoa de negócios, isto para mim era incompreensível. Se alguém tinha roubado a tenda casa de banho durante a expedição anterior, então a mesma deveria ter sido já substituída para a expedição seguinte. Perante esta situação, porém, decidimos desvalorizar o problema, exclamar um "Oh, que chatice", e seguir em frente.

No fim desse dia, jantámos todos juntos, e fomos descansar para na manhã seguinte apanharmos o pequeno avião que nos iria levar até Sugapa.

O dia 4 de outubro é o aniversário do Steve. Estava triste por não estar com ele nesse dia, e tinha saudades da Patricia e da Nicole, do Ethan e da Julia, e da minha cadelinha Daisy também, mas a expetativa da escalada acelerava a velocidade com que o sangue me percorria as veias, e isso era mais do que suficiente para eu me manter concentrada no que me propusera fazer. Tinha a companhia do Emmanuel e por isso não me sentia totalmente sozinha. Isso iria eu sentir mais tarde noutras montanhas.

Quando chegámos à pista de Sugapa, todos os vídeos do Youtube que eu tinha visto, tornaram-se realidade. Grupos de motociclistas por todo o lado, mais do que ansiosos por conseguirem algum negócio. Depois de intensas negociações com os nossos guias locais, cada um de nós conseguiu um lugar nas motocicletas, incluindo a nossa bagagem, provisões e tendas. Era coisa interessante de se ver! Parecia um filme e só faltava ouvir alguém dizer "Corta!", a qualquer momento. Fizemos algumas paragens no caminho. As duas primeiras foram perto uma da outra e serviram para pagamento às autoridades civis e depois às autoridades militares locais. Tal como já mencionei, parecia mais um filme que outra coisa, especialmente o posto militar daquela localidade, uma casa de madeira com uma dúzia de espetadores, sendo um deles um nativo nu, que apenas usava apenas um koteka, que é uma cabaça usada como uma bainha, onde está inserido pénis. Este é um traje tradicional usado pelos homens de alguns grupos étnicos da Nova Guiné e da Indonésia para cobrir o pénis.

Num outro bloqueio de estrada, julgo que o terceiro embora sinceramente eu tivesse perdido o conto, fomos parados por uma tribo local. Foi muito intenso, ao ponto de parecer uma encenação. Encenado e coreografado com a intenção de assustar e roubar estrangeiros! Valeu-nos a intervenção do militar que havíamos contratado na paragem número dois. No meio de ameaças lá conseguimos seguir viagem. Foi preciso muito dinheiro para untar muitas mãos ao longo deste processo, mas mesmo assim soubemos mais tarde que nos haviam roubado a nossa tenda cozinha, num destes bloqueios.

Finalmente chegámos à quinta da tribo Dani, onde passámos a noite. Foi aí que também contratámos os nossos carregadores para o dia seguinte.

Ficámos em duas casas de madeira que tinham três quartos. Dormimos no chão nos nossos sacos cama e choveu toda a noite. Passámos algum tempo a observar as crianças que não paravam de olhar para nós e para a nossa comida. Perguntava-me a mim própria se já estava a curtir ou não...

O William era o chefe local. Na sua quinta acomodava hóspedes como nós. Tinha 7 esposas e inúmeros filhos. E não me enganei não, tinha mesmo 7 esposas. Ele dizia ser cristão, mas sinceramente não acredito.

Tive que me questionar: Afinal assinei um contrato para toda esta fatigante viagem, passar por negociações, ser tratada com suspeição e ser alojada em parcas condições, tudo isto antes mesmo de começar a escalada? Sim, era verdade! E isto era apenas o princípio.

No dia seguinte levantámo-nos às 7 da manhã, mas só começámos a marcha cerca das 11. Levou algumas horas até se proceder à escolha dos carregadores e a organizar tudo. Disseram-me que tínhamos contratado dezanove carregadores mas era difícil de dizer quantos eram porque eles traziam consigo a família toda. Vinha o pai, a mãe e os filhos.

O chefe da tribo Dani, o William, posicionou-se no meio da sua quinta, e depois de ter discutido em público com uma das suas 7 esposas, começou a selecionar os carregadores. Uma vez escolhidos, foi dada a cada um deles uma bolsa azul que assumi devia conter qualquer tipo de informação sobre o que estavam a transportar, a quem pertencia e um saco. Cada um dos carregadores levava um dos nossos sacos, as nossas provisões e as nossas tendas. O William emitiu também uma "ordem de trabalho", que despachou à nossa frente um grupo de homens para repararem o trilho que teríamos que seguir, e que tinha sido danificado por um recente deslizamento de terras. Esta informação foi-me dada pelo Raymond, o nosso guia-chefe, e que nos iria custar 400 dólares americanos.

Eu tinha escolhido para mim uma tenda para duas pessoas para ter um pouco mais de espaço. Nestas condições, estar só pode ser considerado um luxo. Dava-me a oportunidade de poder documentar a minha aventura e tomar as minha notas que mais tarde me iriam ajudar a escrever este livro. Era também a minha apresentação como debutante na atividade de montanhista!

O Raymond fez uma oração antes de partirmos. Isto tornar-se-ia um ritual que eu apreciava. O Raymond era um pastor que já não praticava, mas a sua esposa era ainda pastora da igreja que professavam.

O trilho era difícil, com muitos altos e baixos, terreno rochoso, raízes de árvores e rios com fortes correntes. A certa altura, quando caminhávamos pela margem dum rio, depois de uma travessia assustadora do mesmo, o barulho das águas turbulentas assustou-me e senti-me algo ansiosa. Entretanto, logo à frente vi uma ponte. Que quadro maravilhoso! Fiquei tão contente e aliviada que fiquei meia zonza! O trilho exige a nossa completa atenção. A mais pequena distração e é queda certa. Tropecei uma vez no primeiro dia, mas muitas mais iria tropeçar no futuro...

Um dia, o Phillipe, um dos nossos companheiros da expedição, fartou-se da situação e decidiu que iria regressar com o Hata, um dos nossos guias. Optou por voar para Timika e daí apanhar o helicóptero para o acampamento base. O preço desta operação era de 6 000 dólares americanos! O plano era encontrar-se connosco no acampamento base e depois proceder à escalada connosco. Iria também viajar de helicóptero para Timika e eu, secretamente, fiquei com um pouco de inveja dele. O trilho era assustador e extenuante. Por outro lado, também estava feliz por ter a oportunidade de passar por tal provação. Tinha treinado arduamente e estava pronta para ultrapassar este desafio!

Relembrava-me constantemente que estava a fazer isto pro duas razões: uma, para conseguir fazer algo de verdadeiramente desafiante, a outra para ser a primeira mulher portuguesa a escalar a Pirâmide Carstensz. A escalada era em memória da minha mãe e o objetivo era angariar fundos para a saúde mental. Estes objetivos mantinham a minha concentração. Hoje vejo que aprendi muito sobre montanhismo nesta viagem, e que também aprendi muito sobre mim própria.

Houve vezes, durante a marcha, que passei por momentos assustadores, mas sabia que Jesus me protegia. Isso fazia-me sentir segura e de certo modo esta escalada revelava-se como um caminho em direção a Jesus.

Quando chegava o fim do dia, chegar ao acampamento e contactar a minha família era um grande incentivo e um grande conforto. Tinha muitas saudades deles. Eu era única mulher do grupo e embora a minha tenda fosse sempre a primeira a ser montada e todos os meus companheiros foram sempre fantásticos, atenciosos, solícitos e verdadeiros cavalheiros o que é certo é que, quando o dia chegava ao fim faltava-me um abraço e alguém com quem eu pudesse partilhar a tenda. O Emmanuel disse-me que não gostava de estar sozinho na tenda quando escalava porque é preciso evitar a solidão. Na altura não dei muita importância a esta afirmação, mas quando acabei de escalar os 7 cumes, concordei com ele cem por cento. Em Carstensz ele e o Adam partilhavam a mesma tenda. Os restantes membros do grupo dormiam cada um na sua.

O dia seguinte prometia ser um dia excecionalmente difícil. O Juan, outro dos nossos guias locais que dirigia o nosso grupo, não se cansava de repetir:

– Muito difícil, muita e lama! – E não estava muita a brincar.

É evidente que quando escalamos uma montanha não estamos à espera de comer refeições gourmet. Existem, contudo, algumas opções de refeições congeladas secas como as que são fornecidas pela Mountain House. E depois há outras opções mais leves que nos fornecem um nível de nutrição razoável em expedições de longa duração.

Ainda não sei muito bem se era o isolamento da Pirâmide Carlstensz, as difíceis condições da marcha ou a necessidade de usar carregadores locais durante todo o percurso, mas a nutrição era um GRANDE problema, especialmente para mim que sou vegetariana.

Aqui, no dia que saímos do acampamento da tribo Dani, deram-nos uma caixa de biscoitos de chocolate e outra de outros biscoitos variados. Pensei que se tratava duma piada, mas não! Era mesmo o nosso almoço. As restantes refeições durante o resto da expedição variavam apenas no tipo de biscoitos e tendo depois progredido com a adição de uma barra de chocolate como acompanhamento dos biscoitos. Cada uma das montanhas apresentou os seus desafios e problemas diferentes, sendo que nesta, a nutrição foi um dos mais importantes.

Ao pequeno almoço comíamos uma fatia de pão branco com uma omelete. Havia um boião de Nutella em cima da mesa que um dos membros havia trazido, e eu pus à disposição de todos um frasco de manteiga de amendoim desidratada que eu tinha trazido apesar das limitações de peso da bagagem. Nada mais. Para nos aquecermos bebíamos uma mistura de cappuccinos carregados de açúcar!

Arroz e massa ramen era o nosso menu diário para o jantar. Por causa disso fiquei a detestar pratos com arroz e de massas especialmente se forem ramen. Os meus companheiros às vezes comiam carne de porco enlatada que fritavam, e outras vezes peixe de conserva. No acampamento base uma vez chegaram a comer asas de frango e noutra ocasião comeram camarões.

Eu vi uma arca congeladora portátil, a temperatura estava abaixo de zero e as provisões chegavam de helicóptero e, portanto, deduzi que tinha que haver comida em condições! Eu ainda tinha milho e feijões que tínhamos comprado em Timika, que não estavam misturados com carne. Recordo-me de ouvir o Emmanuel dizer ao Raymond e ao Juan que ser vegetariano quer dizer não comer carne ou peixe e que por causa disso, misturar a carne com o feijão e com o milho não era correto.

No acampamento base comi vegetais cozidos ao vapor a acompanhar o arroz e a massa, pelo menos duas vezes. Um verdadeiro banquete!

Ainda bem que eu tinha trazido alguma barras energéticas apesar das restrições de peso na bagagem. Coloquei algumas na minha mochila uma vez que os carregadores levavam os nossos sacos diretamente para o acampamento a seguir. Ainda bem que o fiz. Para além disso, o Adam partilhou uma ou duas das barras dele comigo.

No nosso segundo dia de marcha compreendemos qual ia ser a nossa rotina dos próximos dias.

Levantávamo-nos às 7, tomávamos o pequeno almoço, mas só iniciávamos a marcha não antes das 9 pois era preciso combinar com os carregadores a distribuição da carga e em consequência disso todos os dias tínhamos que tirar coisas dos nossos sacos de forma a conseguir resolver os diferentes problemas que se punham diariamente.

O trilho era todo ele muito difícil. Estava atravessado por muitas raízes de árvores e às vezes atá parecia que estávamos a escalar árvores em vez de uma montanha. Numa ocasião, fiquei com a minha bota UGG presa na lama, e o meu pé saiu da bota completamente! Lembro-me de ter visto isto num vídeo do YouTube, e agora estava a acontecer-me a mim...também eu estava presa na lama. Quando chegámos ao acampamento nesse dia, já tarde. Eram cerca das 18:35 e eu estava finalmente na minha tenda. Estava a chover, o que era habitual ao anoitecer. Estava cansada e com frio e a única coisa que eu queria fazer era enroscar-me no meu saco cama.

Todos os dias entretinha a ideia de dizer ao Emmanuel que queria regressar de helicóptero depois de termos escalado a montanha. Custava-me imaginar ter que percorrer de novo todo aquele caminho difícil no regresso.

Doía-me um pouco o estômago. Estava a sentir os efeitos de todo aquele açúcar que estava a ingerir. O nosso organismo não foi feito para viver de biscoitos e barras de chocolate, como é óbvio!

Todas as noites o Raymond e o Juan diziam que aquele dia tinha sido o mais difícil do trilho, mas avisavam-nos também, que no dia seguinte ia haver ainda mais lama.

"A sério? Ainda mais do que hoje?", questionava-me eu silenciosamente.

Às vezes eu chegava mesmo a derramar algumas lágrimas, que felizmente, nunca ninguém viu. Isto aconteceu-me em todas as escaladas. Se algum dos guias me viu chorar, nunca nenhum deles o mencionou. Todos nós, ao fim e ao cabo, tínhamos que lutar com os nossos sentimentos, com a nossa fadiga e com os nossos pensamentos.

Num dos dias, a meio do dia, fomos atingidos por uma grande chuvada e as minhas botas de água ficaram completamente molhadas, o queria dizer que no dia seguinte eu iria começara marcha com os pés molhados. Isso foi brutal!

Não estávamos só a "escalar raízes de árvores", mas agora com a chuva que não parava de cair, formava-se uma combinação de dificuldades que eram realmente difíceis de ultrapassar. Lembro-me do Steve me ter dito que tinha lido na internet a expressão "gatinhar para escalar". Pois bem, estou aqui para atestar que essa expressão é completamente verdadeira e precisa. Não há maneira de ultrapassar todas aquelas raízes de forma graciosa.

Tinha que me lembrar a mim própria que Jesus me teve na palma da mão várias vezes e que eu iria desfraldar a bandeira que eu fiz na minha viagem ao Monte Rainier. Eu sabia que iria levar essa bandeira até ao cume e tirar uma fotografia com a legenda "Jesus Rocks!".

Com estes pensamentos vinha a paz e a força de vontade que precisava para continuar até à base da Pirâmide Carstensz e eventualmente escalá-la. A perseverança fornece-nos também a oportunidade de nos podermos observarmos os encantos da natureza com a maravilhosas paisagens que nos rodeiam. A par da floresta tropical e do trilho lamacento tive também a oportunidade de ver o pó de ouro a correr da mina Freeport. A paisagem, que praticamente não tem nenhuma vida selvagem com a exceção de algumas aves, era simplesmente impressionante. Senti-me privilegiada e até abençoada por poder ver tudo isto e caminhar através de toda esta imensidão esmagadora. Atualmente, os alpinistas que vêm escalar a Carstensz, só o podem fazer usando um helicóptero para lá chegarem e regressarem. Nós fomos um dos últimos grupos a fazermos a aproximação à montanha a pé.

Era exaustivo, e ao mesmo tempo revigorante. O meu entusiasmo alimentava-se do que ainda estava para vir.

Depois de cinco dias estava cansada de andar na lama e estava farta do trilho. Tudo o que desejava era ir para o acampamento base.

Na realidade estava desconfortavelmente esfomeada e o meu corpo apresentava sinais de rejeição do arroz, da massa e dos biscoitos que era só o que eu lhe dava a comer. Sem que eu soubesse estava também a sentir os efeitos do enjoo de altitude e que se traduzia num inchaço da cara e das mãos. Eu não tinha levado nenhum espelho nesta expedição, o que me serviu de lição pois passei a levar sempre um a partir daí. Foi só depois de olhar para as fotografias que me apercebi que foi por esta altura que comecei a sentir os sintomas. Parecia um esquilo tâmia!

Os incontáveis cappuccinos mistos com que encharquei o meu corpo, ameaçavam querer ser expelidos. Oh diacho!

Ao fim do quinto dia, acampámos em Nasidome. A vista era incrível. Conseguíamos ver o Puncak Jaya e a Carstensz logo por detrás. Era de cortar a respiração. O sol nascente da aurora cumprimentou-nos provocantemente, como que a tentar seduzir-nos para atravessarmos o desfiladeiro New Zealand que nos aguardava, para depois, finalmente, chegarmos ao acampamento base.

Estávamos agora a 3 734 metros de altitude.

Apenas alguns carregadores continuariam connosco para transportar as nossas provisões até ao acampamento base. Os restantes ficavam aqui à espera. Três dos nossos jovens carregadores posaram para uma fotografia tendo como fundo aquilo que se pode chamar um cenário perfeito!

Foi aqui que encontrámos então muita rocha! O desfiladeiro New Zealand fica a 4 500 m de altitude e apresentou-se como sendo o nosso próximo grande obstáculo. Tivemos que gatinhar rocha acima em estilo livre, coisa que garanto, não é fácil! Como é óbvio, cedo começámos a ficar cansados com aquela caminhada difícil através daquele terreno rochoso, com subidas e descidas intermináveis, durante horas a fio. Foi duro!

Tínhamos também que estar particularmente atentos às pedras soltas, não só por cortesia pelos que vinham atrás de nós, mas também porque representava um perigo. O ritmo de marcha era mais lento do que eu desejaria, mas era necessário que assim fosse. Era um verdadeiro trabalho de equipa sempre a prestar atenção ao que se apresentava à nossa frente e ao que acontecia atrás de nós.

Entretanto chegámos ao que supostamente seria o acampamento base. À parte dum pequeno lago de água azul, que embora fosse deslumbrante, não correspondia em nada às imagens do YouTube. O resto acampamento era só lixo. Aquela paisagem de beleza estonteante não era mais do que uma pilha de lixo. E estava frio.

O sétimo dia na montanha foi o dia que todos estávamos à espera e pelo qual todos ansiávamos. Finalmente iríamos tentar escalar o cume da Pirâmide Carstensz. Até que enfim!

Soubemos, no entanto, que ainda havia um outro acampamento no sopé da Carstensz chamado Yellow Valley, que ficava a 90 minutos de marcha, através dum trilho que, como seria de esperar, era constituído por mais terreno difícil e rochoso. Era, no entanto, imperioso lá chegar se quiséssemos escalar a Pirâmide.

Enquanto nos preparávamos para passar a noite eu disse finalmente ao Emmanuel que depois de chegar ao cume, queria regressar de helicóptero com o Philippe. Que não estava disposta a regressar pelo mesmo trilho e ter que lidar outra vez com todas aquelas raízes. Depois de eu ter anunciado isto, o JP disse que também queria ir e assim acabámos todos por regressar de helicóptero. Fiquei com a impressão que os homens estavam todos à espera que a "rapariga" acabasse por ceder, e assim nenhum deles ter que admitir que também queriam regressar no helicóptero. Na realidade, não me importei nada com isso.

Partimos cerca da meia-noite vestidos com as nossas roupas de escalada diurna. Dirigimo-nos para o outro acampamento base perto da primeira corda de ascensão à Carstensz.

Infelizmente começou a chover. Sem parar.

Quando chegámos o Raymond levou-nos para uma grande tenda comum à espera que a chuva parasse. Aí encontrámos o Phillipe que havia chegado de helicóptero no dia anterior juntamente com o Hata, o terceiro guia local. O Raymond disse que ia esperar até às 6 ou 7 da manhã para ver se a chuva parava.

Não parou.

Todos os outros membros do grupo, incluindo os guias, chamam "Manu" ao Emmanuel. Eu nunca lhe chamei isso nem chamo. Para mim ele é o "Emm", que eu considero ser o diminutivo de Emmanuel, ou então uso o nome completo. O Emm, que era o nosso guia da Terra Ultima e o Raymond que era o nosso guia local, tomaram a decisão de regressarmos ao acampamento base e tentarmos de novo no dia seguinte, já que, segundo eles, era demasiado perigoso proceder à escalada com chuva. Fiquei muito desanimada com a decisão. Voltámos então ao acampamento base. Não vou revelar agora o conteúdo do monólogo que estabeleci comigo. Só o vou fazer quando no Everest, quatro anos e meio depois, tive um semelhante. Revelá-lo-ei então, porque nem sempre é possível encerrar certos pensamentos dentro de nós.

Choveu o dia inteiro. Passe todo dia sozinha dentro da tenda. Entretive-me a ver o "The Choice" que eu tinha descarregado na minha tablet, e estive a ver até a bateria chegar ao fim para ajudar a passar o tempo. Como não havia muito sol, o meu carregador solar não funcionava muito bem e assim eu tentava canalizar e conservar toda a energia no meu telemóvel e no meu aparelho por satélite, o InReach, para poder comunicar com a família. Aqueles aparelhos eram a minha linha de salvação que me permitiam ter uma ligação com o mundo exterior a esta aventura.

Foi dia que regressámos ao acampamento base depois de gorada a nossa escalada por causa da chuva, que o Emmanuel disse que ele também queria regressar de helicóptero juntamente com o Adam. Eu, o JP e o Philippe já havíamos decidido isso, por essa razão foi um alívio saber que depois de escalarmos o cume da montanha não teríamos que enfrentar todos aqueles obstáculos de regresso à civilização. O Emmanuel usou o telefone por satélite e comunicou com Terra Ultima a sua decisão para que fossem realizados os respetivos preparativos com o Danny. Acho que a chuva, a humidade, o frio e a falta de escolha de comida, começavam a ter efeito sobre nós. Pelo menos em mim, estava a ter.

O Raymond comunicou então a nossa intenção ao irmão do William, que tinha ficado connosco como elo de ligação entre nós e os carregadores, de forma a dispensar alguns dos carregadores de quem já não iríamos precisar.

Cada um de nós entregou uma gorjeta ao Emmanuel, que ele depois deu carregadores. Tudo isto aconteceu enquanto eu me encontrava dentro da tenda, já que a chuva teimava em continuar a cair.

À hora de jantar demo-nos conta que os carregadores tinham levado as botas do JP e o chapéu de chuva do Adam. E continuava a chover. Precisávamos daquele guarda chuva! O Emmanuel estava muito aborrecido. O Raymond disse que não havia nada a fazer uma vez que os carregadores já se tinham ido embora.

Recordo-me que estava exausta e não me importei muito com o caso. Tudo o que eu queria era escalar aquela encosta, chegar ao cume e regressar a casa o mais depressa possível! Estava já muito perto de alcançar o meu objetivo, mas faltava exatamente esta última parte que era ao fim e ao cabo a razão pela qual eu estava aqui.

Lá dentro de mim uma voz insistia: "Força Ema, estás aquase lá. Bora lá a isto!"

Quando o tempo amainou de noite, partimos uma vez mais em direção à primeira corda. O meu estômago estava "nervoso" e o meu corpo estava a reagir. Tal como se eu fosse uma criança zangada, o meu corpo escolheu a pior altura possível para fazer uma birra. Durante a marcha tive que fazer duas paragens para verter águas. O tipo de coisas que não se querem fazer quando se é mulher e se está ligada por uma corda a um cavalheiro, a apenas pouca distância, já na encosta rochosa da Carstensz. Vou omitir os detalhes desta operação. Mais tarde o Emmanuel faria referência a este evento dizendo "O que se passa na Carstensz, fica na Carstensz", quando tentava avaliar a minha saúde na minha primeira tentativa de escalada do Everest.

A escalada foi muito difícil, mas mais do que isso, foi muito longa. Subimos ajudados pelos nossos ascensores de punho presos a cordas fixas que já tinham sido colocadas nos sítios certos. Em certas secções havia um par de cordas como medida de prevenção. Se a integridade da primeira corda não inspirasse confiança, era adicionada uma segunda corda. Cada um de nós tinha o seu próprio guia. Um deles, o Adam é um alpinista forte. Já escalou várias encostas rochosas com o grau de dificuldade 5.12. Ele foi atribuído ao Raymond que era o nosso guia chefe local. O Raymond já escalou a Carstensz mais de quarenta vezes. Os dois formavam o par mais rápido e iam à frente. O Philippe escalava com o Hata, e começaram antes de nós, uma vez que se encontravam no acampamento base mais perto do sopé. Contudo, quando o Adam e o Raymond os alcançaram, passaram à frente e passaram a liderar a escalada, tal como tinha sido planeado. O JP estava com o Juan e o Emmanuel aceitou o desafio de me guiar a mim.

Estou e estarei sempre eternamente grata ao Emmanuel pela sua paciência, e por me ajudar de forma tão diligente, sempre que precisei. Por duas vezes até me ofereceu a sua perna para me servir de apoio durante a subida da encosta rochosa. Ser de pequena estatura, nestas situações, pode ser complicado! Éramos uma verdadeira equipa naquele dia – amarrados um aos outros pela mesma corda. A nossa segurança e o nosso sucesso, exigia que trabalhássemos em equipa. Ouvia-o com atenção. Sabia que ele não estava a escalar a Carstensz por motivos egoístas. Estava ali para se certificar que me providenciava as melhores hipóteses, como amigo e sua cliente, para que eu pessoalmente conseguisse atingir o objetivo a que me propusera. Deu-me coragem várias vezes durante a escalada, dizendo que eu estava a ir bem e que estávamos a fazer um tempo bastante bom. Não que eu acreditasse no que ele estava a dizer, mas de qualquer forma eu precisava de ouvir e apreciava de sobremaneira as suas gentis palavras. Estava junto com ele nesta missão e confiava nele. Encontrava-me num ponto da minha vida em que necessitava de aprender outra vez a confiar em alguém. A confiar em outrem e a confiar em mim mesma. Esta situação estava a ensinar-me precisamente isso.

Mais tarde, já em casa, tive a oportunidade de ouvir alguns dos comentários dele no vídeo que fizemos durante o percurso. Os elogios que me dirigiu são enternecedores. Ele estava disposto a perder esta oportunidade, que era uma oportunidade que se apresenta uma vez na vida, de não subir ao cume, se eu não conseguisse fazê-lo.

Soube mais tarde que ele disse ao Adam, que a certa altura teve dúvidas se íamos conseguir ou não chegar ao cume por via do meu medo das alturas. Ainda bem que o seu rosto se manteve absolutamente impassível e sem demonstrar nenhuma emoção. Foi ótimo!

Durante a nossa subida usando o nosso ascensor de pulso (Jumar), ele ensinou-me uma cantilena: "jumar, step up, jumar, step up, jumar, step up" lembrando-me várias vezes que eu tinha que respirar! Uma lição que levei comigo na escalada de outras montanhas.

Quando chegámos próximo da Travessia Tirolesa, fiquei literalmente horrorizada. Quando me apercebi que ia caminhar sobre um cabo de aço suspenso a centenas de metros do chão, e presa apenas a duas cordas de segurança amarradas ao meu arnês, cada uma delas, por um mosquetão, comecei a ter um ataque de pânico. Eu tinha prometido "comunicar" durante a esta escalada, especialmente depois de ter partido três costelas durante um treino em Monte Tremblant em maio, e de ter regressado a pé sem dizer uma palavra. Por isso disse ao Emmanuel que estava a ter um ataque de pânico e já estava a sentir a minha garganta a apertar-se. Ele ajudou-me imediatamente respondendo-me com um tom de voz calmo. Parámos por um momento. Depois calmamente ensinou-me a abrandar a minha respiração. Quando consegui abrandar a respiração ele, de forma gentil, explicou-me como andar em cima do cabo e onde concentrar a minha atenção e salientou a palavras mágicas que eu não iria cair. E que se escorregasse, ficaria pendurada no cabo e que ele me viria buscar. Neste momento não sei muito bem como é que tudo isso seria possível se eu escorregasse, mas na altura acreditei no que ele estava a dizer. Dá muito jeito ter um paramédico de Toronto como meu guia e melhor amigo!

Ele assegurou-me que eu me encontrava completamente segura aos cabos e firmemente disse-se que eu seria capaz de o fazer! Eu queria e precisava de fazer esta travessia e atingir o cume. A sentir o coração a pulsar na minha garganta, comecei a falar comigo própria dizendo "Pés de pato, pés de pato", à medida que avançava, um pé de cada vez, sobre o cabo de aço. Finalmente tinha feito a travessia completa! Apesar de ter ficado muito feliz com a minha travessia e de ter ouvido mais um elogio do Emmanuel que estava do outro lado, não consegui deixar de pensar que tinha que regressar pelo mesmo caminho. De qualquer forma afastei esses pensamentos e concentrei-me nas rochas e no trilho estreito que se encontrava à minha frente.

A certa altura parámos, não me lembro exatamente onde, e olhámos à nossa volta. O panorama era fantástico! A 4 800 metros de altitude o nascer do sol é espetacular e a nitidez límpida das várias encostas rochosas era de cortar a respiração. A natureza revela-se deveras impressionante. Mesmo a sentir alguma ansiedade compreendi a razão pela qual os montanhistas escalam montanhas. É de uma beleza surreal!

Caminhar segura à corda, mas sem o ascensor de punho era muito mais fácil de fazer, coisa que foi possível durante algumas secções do percurso. Existem, contudo, dois "votos de confiança" ou "saltos no escuro", que são necessários executar para chegar ao cume. Um deles é um salto de uma rocha para a outra sem nada entre as duas a não ser ar livre. Com efeito prende-se um mosquetão a partir da nossa corda de segurança que está ligada ao arnês como segurança, nalgumas cordas fixas, mas sejamos honestos, a rocha é dura e afiada. Se falharmos o salto, certamente que não vamos cair no fundo, mas vai doer bater com o corpo nas rochas! É fácil imaginar sofrer um corte na cara, e não é que eu seja propensa a acidentes, mas há alguns meses, fui eu que parti três costelas na banheira um dia antes de iniciar um treino no Canadá! Para além disso, tenho pernas curtas e saltar não é propriamente a minha praia como devem imaginar. Para falar a sério, pensei mesmo que não ia conseguir.

O nível da minha ansiedade subiu outra vez e tudo o que me lembro era o Emmanuel a dizer-me para eu controlar a respiração.

– Calma, Ema!

Ele saltou primeiro. Explicou-me o que eu tinha que fazer, que eu tinha uma corda de segurança, e depois acrescentou que estaria pronto a agarrar-me se fosse preciso. Embora ele estivesse a trabalhar como nosso guia, esta era a primeira vez que ele escalava a Carstensz. Eu não queria que ele deixasse de escalar a montanha até ao cume, porque tinha que tomar conta de mim. Este raciocínio motivou-me. Assim, segui as suas instruções que ele ia repetindo do outro lado. No preciso momento que a minha mão ia falhar o último apoio, ele agarrou-a e puxou-me para cima – Ufa! Ele apanhou-me. O mesmo aconteceu no segundo salto. A isto chama-se ter a vida de alguém nas mãos. O Emmanuel disse que me segurava, e segurou.

E de repente ouvi os gritos de alegria dos nossos colegas que já tinham chegado ao cume. Era como se fosse música para mim. Celebrámos com eles. Tinham chegado ao cume da Pirâmide Carstensz! O céu estava azul, mas algumas nuvens ameaçadoras aproximavam-se na nossa direção. Tratava-se de uma ocorrência diária e previsível. Foi por esta razão que começámos tão cedo. Nós ainda não tínhamos chegado lá e o cume ainda parecia tão distante. Alguns minutos depois o Adam e o Raymond começaram a descer. Quando passaram por nós, o Adam garantiu-me que eram só mais alguns minutos até chegarmos ao cume. Subir e descer a Carstensz só é possível com a utilização de cordas. Nalguns locais só pode passar uma pessoa de cada vez. Nós éramos oito no nosso grupo, por isso o Raymond não queria permanecer no cume mais tempo do que o necessário para dar a vez aos outros. Continuámos, agora mais entusiasmados que nunca, e vimos o Filipe à espera dos outros, a apenas alguns metros do cume. Com um último ímpeto de energia alcançámos finalmente o cume. Aí, chorei! O Emmanuel primeiro ficou em choque e depois em êxtase total. Riu-se enquanto limpava as minhas lágrimas. O Hata e o Juan ainda se encontravam no cume e ajudaram-nos a tirar muitas fotografias. O Juan capturou o preciso momento da nossa chegada em vídeo que depois me enviou. Foi ótimo que o tivesse feito, já que de todo aquele episódio, na minha mente, restou apenas uma imagem embaciada. Só me lembro de estar lá e de me sentir exultante, encantada. O vídeo, prova que foi real. Eu tinha escalado a minha primeira montanha! Procurei o meu aparelho por satélite, o InReach. Tinha programado uma mensagem automática que transmitiria a todos que tínhamos chegado ao cume da Carstensz. Vasculhei tudo, e não o conseguia encontrar. Mas que merda!!! O Emmanuel uma vez mais aconselhou-me a controlar a respiração e a descontrair-me, e a esperar cinco minutos. Tínhamos tempo. No entanto eu não parava de tremer. E encontrei, e depois consegui partilhar a nossa localização e esperava que alguém que nos estivesse a seguir pudesse agora ver que nós estávamos efetivamente no topo da Carstensz, o ponto mais alto da Oceânia. Tínhamos chegado ao cume! Estávamos realmente no cume!

Então, chegou a altura de regressar. Pelo mesmo trilho, pelo mesmo caminho. O JP guiado pelo Juan e o Phillipe guiado pelo Hata, iam à nossa frente. Uma vez mais sempre a escutar as instruções do Emmanuel nos dois "saltos no escuro", porque quando eu vi o JP a ter dificuldades num deles comecei a entrar em pânico outra vez. O Emmanuel insistiu que eu ia conseguir, e consegui! Com a sua ajuda, claro está.

Tínhamos que fazer cerca de 200 metros em rappel. Usávamos um dispositivo (ACT) que costumávamos usar no Canadá, embora os nossos guias indonésios usassem um outro, em forma de oito. Este dispositivo não parecia ser tão seguro para as cordas da Carstensz, mas parecia ser mais fácil de usar. As cordas, por outro lado, estavam tão molhadas, que já nem sei se fazia diferença ou não. Só o que posso garantir, é que a descida foi muito difícil.

Depois começou a nevar. Exatamente, a nevar! À medida que ia diminuindo a altitude, passou de neve a chuva. Comecei a preocupar-me com hipotermia, já que uns dias antes de termos chegado ao acampamento base, um alpinista morreu por esse motivo. O oleado azul ainda estava do lado da montanha onde o corpo tinha sido encontrado.

"Pensa positivamente, Ema. Está tudo bem. Vai ficar tudo bem", repetia na minha mente para mim própria, tentando gerir os meus pensamentos.

A corda era difícil de inserir nos nossos ACTs. O Emmanuel ajudou-me com o meu. Ele prendia-se em cada um dos pontos de transferência, colocava a corda no seu ACT, depois segurava na minha corda, no ponto de transferência e prendia a mesma corda no meu dispositivo ACT. Esta manobra permitia-nos maior rapidez. Tão depressa ele se despachasse com aquela corda, eu estava pronta a seguir. Ele fazia sempre uma dupla verificação porque a segurança é prioridade número um.

Eu estava a começar a ficar com frio e a ficar molhada. Tínhamos o JP e o Phillipe à nossa frente e no início de uma das secções de corda, eu começava a ter frio porque estava parada à espera que a corda ficasse livre para eu passar. Apercebi-me que o meu corpo estava a arrefecer de forma não recomendável e quando fui ver porquê, verifiquei que as minhas calças gortex não estavam devidamente apertadas. A única coisa que as impedia de cair pelas pernas abaixo, era o meu arnês. Não as coloquei devidamente quando precisei de ir "à casa de banho", e não me apercebi disso. Tentei apertá-las como devia ser, mas era tarde de mais – já estava toda molhada. Chiça!

Depois de já ter feito alguns rappels, comecei a sentir falta de ar. Sempre que me inclinava para trás no meu arnês enquanto estava pendurada na corda, sentia que o ar me estava a fugir dos pulmões. Doía-me o lado esquerdo, como se alguém me tivesse esmurrado nessa zona. Depois de tentar ajustar a minha posição em cada rappel para ver se aliviava a dor e conseguia respirar melhor, finalmente decidi dizer ao Emmanuel e ele imediatamente me pediu para lhe dar a minha mochila. Não achei que esse fosse o problema, mas dei-lhe a mochila que ele colocou dentro da mochila dele.

Tirar a mochila não adiantou nada. O meu lado esquerdo constrangia-me a respiração em cada novo rappel. Todavia eu sabia que tinha que andar, e que tinha que ser depressa sempre que corda ficava livre. Esperar pela corda permitia-me respirar embora tudo o que eu mais queria era avançar no sentido descendente. Sustive o meu desejo de pedir ao Emmanuel que passássemos à frente do Phillipe. Ele era o nosso guia de grupo e estava também a assistir e encorajar o Phillipe ao mesmo tempo. Ao fim e ao cabo éramos uma equipa e uma equipa deve trabalhar em conjunto e ajudar-se mutuamente. A capacidade de liderança do Emmanuel, impressionou-me. Vejo agora que o François-Xavier, da Terra Ultima, enviou o melhor guia que tinham para esta primeira expedição à Pirâmide Carstensz.

Finalmente chegámos à última corda. O Emmanuel prendeu-se e depois chamou-me para que eu me prendesse também na corda ao lado da sua, para fazermos o rappel lado a lado e sairmos da montanha ao mesmo tempo. Eu estava um pouco confusa, mas ele disse:

– Vamos lá curtir um bocadinho!

Uma vez já pronta na segunda corda, que verificámos estar em boas condições, começámos um rappel paralelo pela rocha abaixo. Cansada e molhada, depois de ter passado mais de 12 horas na montanha, o meu amigo Emmanuel, com um grande sorriso perguntou-me:

– Pronta?
Disse que sim.
– Vou contar até três... 1, 2, 3! – acrescentou.

Demos o último salto e aterrámos fora da montanha ao mesmo tempo.

Este foi o meu primeiro cume. E por tudo o que ele representou, ficarei para sempre em dívida com o meu melhor amigo Emmanuel.

CAPÍTULO VI
MAL DE MONTANHA

Quando regressei a casa, vinda da Carstensz e vi as fotografias que tinha tirado no cume da Pirâmide, reparei que a minha cara estava inchada. Não estava nada parecida comigo. Estava mais parecida com a cara dum esquilo tâmia.

Tínhamos escalado sem fazer pausa para almoço, beberricando apenas um pouco de água. Subimos e descemos a montanha durante 12 horas seguidas.

Fiquei desidratada. Estávamos à espera de celebrarmos o nosso feito com uma bela refeição quando regressássemos às tendas de Yellow Valley, o acampamento base mais próximo da primeira corda da Carstensz, mas quando chegámos, apenas disfrutámos duma pequena pausa para descansar e voltámos ao caminho para o nosso acampamento base. Era mais 1 hora e meia de caminhada até à minha tenda. Estava exausta, mas feliz. Ia finalmente mudar de roupa e vestir roupa seca. Era a minha última muda de roupa. Os meus companheiros olhavam para mim com certa preocupação quando observavam o inchaço da minha cara e os meus olhos semifechados. Qualquer coisa não estava bem.

O nosso plano, contudo, era partir no outro dia de manhã para Timika, de helicóptero. Mas não foi o que aconteceu.

Na manhã seguinte à escalada do cume, o Raymond recebeu um relatório metereológico que informava que o tempo em Timika se tinha agravado, e que por causa disso, não haveria helicóptero nesse dia.

Acordei com a minha cara ainda mais inchada, e o lado esquerdo do meu corpo, na área do rim, estava muito sensível e doía-me ao menor toque. Estava desesperada por sair da montanha.

Aceitei o facto que iria sair dali no dia seguinte. Convenci-me que iria resistir um dia mais. Mandei uma mensagem ao Steve e à minha família a contar o que tinha acontecido. Quando ele respondeu, disse-me que tinha lido que houve um grupo que demorou 6 dias a sair da montanha. Comecei, silenciosamente, a entrar em pânico. Estava preocupada com a minha saúde e a sentir-me armadilhada. Maus pensamentos começaram a invadir-me a mente. E se eu tivesse que esperar uma semana? E se eu piorasse?

Senti-me impotente. Não sabia o que fazer, já que a única coisa que me restava fazer era esperar.

Decidimos então que iríamos até ao outro acampamento base de Yellow Valley, onde estava o Phillipe e onde o helicóptero iria para o ir buscar. Seria melhor, portanto, para o piloto fazer apenas uma paragem do que ter de fazer duas paragens. O piloto era novo pois tinha acabada de ser feita a rendição de pilotos, que ocorre de três em três meses. O Raymond tentou afastar de nós qualquer preocupação sobre esse facto, mas mais tarde, descobrimos em primeira mão quão inexperiente o piloto realmente era.

No dia seguinte o tempo em Timika estava bom, mas tínhamos que esperar três horas para que as nuvens dissipassem na Carstensz, o que não aconteceu. Todas as viagens de helicópteros foram canceladas às 9:30. Fiquei devastada. Já tínhamos escalado o cume há dois dias e ainda estávamos à espera para ir embora. Liguei o meu telefone de satélite e mandei uma mensagem ao Steve e à família: "Mau tempo. Não há helicóptero. Estou bem. Vou desligar. Bateria em baixo. Amo-vos." Desliguei então o telefone, porque não havia sol suficiente para o carregar. Senti-me presa.

O Emmanuel havia começado a vigiar a minha ingestão de água no dia anterior, e deu-me antibióticos para tomar. As minhas mãos e a minha cara estavam muito inchadas e o meu rim esquerdo doía-me bastante. Ele pediu emprestado um telefone de satélite a um dos guias locais e telefonou para o Hospital Sunnybrook em Toronto em busca de aconselhamento médico para me tratar. Já mencionei que ele é paramédico em Toronto? Nem toda gente tem a sorte de escalar uma montanha na companhia dum paramédico. Pois eu tive dois – o Emmanuel e o Adam.

Senti-me um peso morto. Sozinha e doente. Tentei não chorar, mas acabei por chorar. Era a única mulher em todo o acampamento, estava a chorar, e chorar fazia-me sentir ainda pior. Os meus colegas, no entanto, não me censuraram. Na realidade foram até muito atenciosos comigo e até me ensinaram a jogar Poker e "Presidents". Jogámos muito às cartas para ajudar o tempo a passar já que, essencialmente, estávamos presos àquele local. Ouvimos também muita música e ficámos surpreendidos com a espantosa coleção que o Phillipe tinha no telemóvel!

No segundo dia fui para a tenda geral, metida no meu saco cama, onde os meus companheiros jogavam às cartas. De repente ouvimos barulho e movimento lá fora. Pensei que era uma equipa de socorro, mas era uma equipa de 15 voluntários que tinham vindo de Freeport Mine para limpar o lixo do acampamento base. Quando eles recolhessem todo o lixo, o helicóptero da mina vinha para levar o lixo e os voluntários. Grande cena.

O Emmanuel foi lá fora falar com eles. Sem que eu soubesse naquela altura, parece que naquela manhã eu estava mesmo com muito mau aspeto o que preocupou os meus companheiros. Eu deveria ter-me apercebido quando o Emmanuel telefonou para Toronto do acampamento base, mas pensei que ele estava só a ser super fofo e consciencioso. Que não queria que a sua cliente morresse!

Ele já me tinha mudado da minha tenda para a tenda geral, onde ele, o JP e o Adam tinham já dormido na noite anterior. O pretexto é que ali era mais fácil estarem de olho em mim. O JP foi dormir para a minha tenda, e eu fiquei no lugar do JP. Fiquei muito agradecida por estar a ser vigiada pelos meus colegas. O meu saco cama estava ensanduichado entre os sacos cama do Emmanuel e do Adam. Nunca seria assim tão bem tratada em mais nenhuma montanha, mas também é verdade que também nunca estive tão doente em nenhuma delas...até chegar ao Everest!

O Emmanuel foi falar com o encarregado do grupo de voluntários e informou-o que tinha uma cliente canadiana que estava muito doente. Os dois decidiram que se o nosso helicóptero não viesse no dia seguinte, eu deveria acionar o meu botão de SOS do meu aparelho satélite InReach. O SOS seria recebido em Jakarta que o reenviaria para a Free Port Mine. O pessoal de emergências da Free Port Mine seria então enviado para me resgatar e transportar para umas instalações médicas onde seria assistida por uma equipa médica. Daí, dependendo do grau de gravidade do meu estado de saúde, seria transportada de carro ou por via aérea para Timika.

Ajudou bastante o facto de se terem mencionado alguns nomes com o encarregado dos voluntários, que foram comunicados ao encarregado da mina. Ainda bem que tenho um passaporte canadiano e ainda bem que a ex-namorada do Emmanuel trabalhava na mina como geóloga chefe. Na verdade, o meu melhor amigo namorou com uma mulher que ocupava agora um dos lugares mais importantes do mundo para mim. Reconheço a minha sorte.

Na altura, a Free Port Mine operava a mina Grasberg na Papua, perto de Puncak Jaya, na Pirâmide Carstensz. A empresa empregava cerca de 30 000 indonésios e era a maior mina de ouro e a segunda maior mina de cobre do mundo. Atualmente já não operam nessa área.

Quando o Juan nos trouxe o jantar ao fim da tarde, saltava à vista que o jantar era muito pouco. O Juan pediu desculpa e nós dissemos-lhe para não se preocupar com isso e perguntámos-lhe se ele se encontrava bem. Ele soava a doente e parecia doente. Ele sorriu e assegurou-nos que estava bem.

A pouca quantidade de comida não nos incomodou. Na realidade ninguém tinha assim tanta vontade de comer. Tudo o que queríamos era sair daquela montanha. O que nós não sabíamos, e ainda bem nessa altura, era que a comida se tinha acabado.

Nessa noite, o Raymond veio à nossa tenda comum e disse-nos que o Danny lhe tinha enviado uma mensagem a dizer que no dia seguinte se previa bom tempo para Timika, e que, com um pouco de sorte, esperava-se que o tempo na montanha também melhorasse. O tempo de voo até à montanha é de apenas 30 minutos.

O Danny deu instruções para que os três primeiros a serem evacuados fossem eu, o JP e o Phillipe. Na segunda leva iriam o Adam, o Emmanuel e o Hata. O Raymond e o Juan seriam os últimos a sair.

Quando o Raymond nos estava a comunicar esta decisão, eu vi a desilusão estampada no rosto do Adam. Estava tão desesperado para sair dali quanto eu. A única diferença entre ele e eu, é que eu estava inchada como um balão e apresentava sintomas de edema grave nas pernas, nos pés, nas mãos e na cara.

O Emmanuel hesitou e disse ao Raymond que se calhar teria que alterar a decisão, dependendo do meu estado de saúde, e que ele ou o Adam teriam de ir comigo para um hospital privado. Ele estava inflexível em não deixar uma cliente para trás, portanto teria que ser o Adam, como tinha sido planeado originalmente.

Depois foi a vez do Phillipe se preocupar. O Adam gracejou com o Emmanuel dizendo-lhe que tinha sido fácil retirá-lo do voo ao que o Emmanuel respondeu de forma firme:

– Bom, não posso demonstrar favoritismo.

Compreendi então quão difíceis tinham sido para ele os últimos dias. Ele era amigo do Adam e colega paramédico, mas naquele momento era também o seu guia. Por outro lado, era meu amigo e colega no conselho de administração do Peaks for Change Fundation, mas aqui era o meu guia e eu era uma cliente que estava doente.

O Emmanuel pediu ao Raymond que confirmasse o tempo para o dia seguinte. Quando o Raymond se levantou, disse ao sair da tenda:

– Olha Eman, reza a Deus para o tempo estar bom amanhã, mas reza a sério!

Acordei a meio da noite para ir à casa de banho. Na rua o céu apresentava-se claro e as estrelas brilhavam. Eu sabia que isso não queria dizer nada, porque normalmente as nuvens chegam de manhã, avançando rapidamente. Pedi ajuda a Jesus. Pedi-lhe que nos enviasse o helicóptero. Implorei, chorei, roguei e rezei vezes sem conta. Só desejava estar em casa com a minha família, da forma mais intensa do que alguma vez tinha desejado. Por favor, meu Deus. Quando me tornei a deitar, o Emmanuel acordou e perguntou-me como estava o tempo lá fora. Eu disse-lhe que estava claro ao que ele respondeu:

– Ainda bem. Já estive para ir ver várias vezes, mas estava receoso do que ia encontrar.

À medida que a manhã se aproximava eu não parava de implorar a Jesus "Por favor, por favor, por favor!" como uma ladainha.

Em breve, porém, tornou-se oficial. O helicóptero ia descolar de Timika trazendo três passageiros que iam escalar a Pirâmide, e no regresso iam-me levar a mim, ao JP e ao Phillipe. Quando o Raymond disse que o helicóptero iria chegar dentro de 20 minutos, nós embalámos as nossas coisas em 5. A sensação de alívio foi avassaladora. Finalmente ia para casa. O helicóptero chegou às 6 e meia da manhã. Estávamos prontos para ir embora. Mais do que prontos! Quando o helicóptero aterrou, saíram três sujeitos que mais pareciam ter saído da revista GQ, que imediatamente fixaram o olhar na Carstensz. Depois de me ter já esquecido que pareciam modelos, reparei que estavam de calções e camiseta e estavam pelo menos 10 graus negativos no acampamento base!

Iam ter um despertar doloroso! Eu tinha três camadas de roupa vestidas e o meu casaco Gortex por cima. Dormi com ceroulas, com duas camadas de roupa e duas borrachas de água quente. Abanei a cabeça. Reparei que um deles tinha uma máquina fotográfica cara ao pescoço e fitava fascinado a beleza da Pirâmide Carstensz. E é verdade que se trata duma montanha maravilhosa, mas agora, o que eu mais queria era afastar-me dela o mais depressa possível.

Senti-me bem e aliviada quando me sentei no helicóptero. Notei que o piloto estava muito nervoso e que o copiloto lhe dava instruções sobre velocidade e como dar meia-volta. Assumi que o copiloto era o instrutor. Depois lembrei-me que o Phillipe tinha comentado que o piloto que o tinha trazido a ele mais o Hata estava nervoso e a pedir oxigénio constantemente. Era o mesmo piloto. O Phillipe tinha razão. Este piloto estava visivelmente ansioso mas eu, fosse porque razão fosse, não me importei nada com isso. O importante é que agora eu ia para casa. A vista durante o voo era espetacular. Viam-se as montanhas e a Free Port Mine. O céu estava azul e estávamos rodeados de nuvens brancas e fofas.

Os alpinistas chineses com quem falámos no aeroporto 11 dias antes, afinal tinham razão. Porquê percorrer aquele trilho se era possível voar para lá? Devo, porém, acrescentar que este jogo de espera do helicóptero que não sabemos se vem ou não vem dependendo de um clima que está em mudança constante, é mais enervante e desmoralizante do que ter que palmilhar um trilho lamacento. Pelo menos está-se a fazer qualquer coisa, está-se em movimento e possuímos algum controlo!

Estar sentada no acampamento base, fria, esfomeada e muito doente, depois de uma ascensão ao cume, tem um efeito esmagador. Esmagou-me o corpo e o espírito. Senti um vazio onde nem a esperança tinha lugar.

Quando aterrámos verificámos que o piloto afinal também não era lá grande condutor. Por alguma razão desconhecida, quando aterrámos em Timika, ele decidiu levar-nos de carro até ao terminal e mandou o condutor a pé pela pista fora. Era claro que estava a perder tempo. Por isso só teve tempo de fazer mais um voo para levar mais três alpinistas e trazer o Emmanuel, o Adam e o Hata. Quando regressaram a Timika, o tempo em Carstensz tinha piorado e todos os voos foram cancelados.

Os alpinistas que iam fazer a escalada da Carstensz ficaram em Timika, e os que estavam à espera de vir para baixo, ficaram lá presos. Preocupei-me com o Juan e o Raymond. Entretanto o Denny reservou um voo para nós cinco nessa mesma tarde – à 1 hora da tarde – de regresso a Denpasar, em Bali.

Chegámos a Bali no dia 15 de outubro de 2017, cerca das 18:00 e demos entrada no Hotel Ramada, que era o hotel do nosso grupo. Esperava-nos um jantar a comemorativo do nosso feito. Foi mesmo surreal.

Deixei Bali no dia 16 de outubro de 2017, num voo da KLM às 8:40, hora local, em direção a casa, ansiosa por ver a minha família e dormir na minha cama.

Quando me sentei no avião os meus pés pareciam que queriam rebentar. Sentia a pressão nas pernas e sentia realmente o inchaço. As minhas mãos já não estavam inchadas nem a minha cara, mas as minhas pernas estavam. Teria que investigar bem esta situação e saber se isto se devia apenas à altitude uma vez que o Kilimanjaro é ainda mais alto.

Eu não tinha tomado nenhum Diamox em Carstensz, que é um medicamento usado para prevenir ou reduzir os sintomas do mal de montanha. Acabei por tomá-lo em todas as outras montanhas, exceto em Kosciusko e depois no Everest – o Cume.

Quando me lembro de Carstensz, estou convencida que sofri um determinado tipo de mal de montanha.

CAPÍTULO VII
KILIMANJARO

Quando regressei da Carstensz, o meu médico de família mandou-me fazer alguns testes e análises, chegando mesmo a telefonar a um médico especialista em Mal de Montanha nos Estados Unidos. Contra todo o aconselhamento médico, decidi, ainda assim, a prosseguir os meus planos para escalar o Kilimanjaro.

O Kilimanjaro é a montanha mais alta de África atingindo uma altitude de 5 895 metros acima do nível do mar. As primeiras pessoas, que se saiba, a atingir o seu cume foram Hans Meyer e Ludwig Purtscheller em 1889. A montanha faz parte do Parque Nacional do Kilimanjaro, e é hoje um grande destino turístico. Calcula-se que cerca de 25 000 pessoas visitam a área anualmente na tentativa de alcançar o seu cume. Calcula-se também que apenas 66% conseguem fazê-lo.

Penso que a razão pela qual tanta gente tenta chegar ao cume da montanha, é porque se trata duma das montanhas menos técnicas. Subir o Kilimanjaro é essencialmente uma caminhada. Só que uma longa caminhada, e a maioria das pessoas que o escalam, não têm aspirações a escalar outras montanhas. Como não é necessária uma grande preparação técnica, a maior parte das pessoas vão mal preparadas para a escalada e mal preparados para o clima para não mencionar o perigo de contraírem o Mal de Montanha. Turisticamente, chamam à escalada do Kilimanjaro, escalar o "Kili".

Durante anos o Steve expressou o desejo de subir ao Kilimanjaro. Todos os anos, cada vez que planeávamos as férias, o Kilimanjaro era sempre um destino a considerar. "Vamos subir o Kilimanjaro e depois vamos num safari. É o que toda a gente faz", dizia ele.

Para ser honesta, sempre pus essa hipótese de parte porque escalar montanhas, nessa altura, não era propriamente a minha praia.

Mas agora, aqui estava eu, uma montanhista em construção. Sabia que queria escalar o Kilimanjaro e sabia também que para o fazer precisava de treino e de uma visita a uma clínica de viagens.

Concordei em subir o Kilimanjaro com o Steve, mas, cada vez que íamos treinar ficava frustrada, pela desvalorização que dava às precauções com a saúde, fator crucial para alcançar o objetivo pretendido, e pelo seu egoísmo durante as caminhadas de treino. O meu nível de ansiedade aumentava de dia para dia.

O nosso primeiro treino juntos foi em Collingwood, na Blue Mountain, que fica na província do Ontário, durante um fim de semana longo resultado de um feriado provincial. Pensei que seria uma boa altura para treinarmos em conjunto, já que eu ainda estava também a treinar-me para a Carstensz. Logo no início da caminhada ele começou em passo muito acelerado, parando não muito depois completamente sem fôlego. Tentei dizer-lhe que o segredo era caminhar mais devagar e que devíamos caminhar juntos como companheiros de equipa. Acabou tudo numa acesa discussão, e quando já íamos a descer a encosta, ele literalmente começou a correr pela encosta abaixo, deixando-me sozinha. A desculpa que deu era que estava muito calor, que estava a suar muito e queria sair do sol. Chorei durante o resto caminho.

O nosso segundo treino foi cerca de um mês antes da partida para a Tanzânia. Sugeri-lhe que fôssemos fazer uma caminhada na Área de Conservação Rattlesnake, onde teria a oportunidade de se habituar às novas botas que tinha comprado e tornando-as assim mais confortáveis. Nessa manhã, enquanto eu me estava a preparar para a caminhada, ele, de repente, anunciou que queria ir ao ginásio primeiro. Fiquei chateada, mas decidi que o ia deixar passar e esperar uma hora por ele. Finalmente, duas horas depois, regressou. Começou a remexer em coisas e a perguntar o que é que ia precisar. Fiquei furiosa. Já tinham passado duas horas, da hora a que eu costumava sair para o meu treino. Senti-me desrespeitada e atónita com o nível de egoísmo que ele estava a revelar.

Esta foi a primeira vez, de muitas outras, que durante os meus treinos para os sete cumes, ele fez tudo o que pôde duma maneira passiva-agressiva, para me fazer desistir.

Recordo-me de quando íamos para o parque de ele querer parar para ir buscar um café. Fiquei ainda mais furiosa. Café? A sério? Então vamos treinar ou vamos em passeio de lazer?

Quando começámos o treino finalmente, consegui bloqueá-lo mentalmente. Comecei a treinar o meu "passo descanso", que, descobri mais tarde em Carstensz, é difícil de pôr em prática. Estas técnicas de marcha de alpinismo ajudam muito em subidas íngremes. É essencialmente uma pausa no movimento que permite aos músculos descansarem, durante aquele breve momento. Pode parecer uma marcha mais lenta, mas na realidade é uma forma rápida de caminhar, intercalada com breves períodos de descanso. Durante o passo descanso, a perna de trás fica esticada enquanto que a perna da frente está relaxada, exceto quando é preciso ajustar o equilíbrio e aliviar a perna de trás. Como o Kilimanjaro tem 5 985 metros de altitude, vai ser preciso praticar bem o passo descanso, porque ele vai ser especialmente preciso quando se chegar perto do cume. O Steve, contudo, não o estava a praticar. Continuava a andar depressa, como na caminhada anterior, exceto que desta vez escorregou e caiu. Fiquei preocupada porque o terreno era pedregoso, mas ele disse que estava bem.

Depois de duas horas e meia regressámos ao carro. Ainda estava aborrecida. Eu queria ter treinado pelo menos mais uma hora, para não mencionar o facto, coisa que nunca lhe ocorreu, que devia treinar com a mochila pesada. Eram estas pequenas coisas que ele parecia não compreender.

Sabia que tinha que ir com ele ao Kilimanjaro. Tinha que fazê-lo em nome da nossa relação enquanto marido e mulher. No entanto, lá bem no fundo, eu não queria. À medida que o tempo passava e se aproximava a hora da partida, eu ficava cada vez mais ansiosa. Não éramos de modo nenhum uma equipa e estávamos constantemente às turras um com o outro. O Steve nunca fazia o que devia quando estava cansado e mostrava-se perturbado, tentando dar nas vistas empertigando-se todo, sempre que alguém passava por nós, especialmente se fosse alguém do sexo oposto. Na realidade era o seu comportamento normal do dia a dia. Punha-me a imaginar, subir o Kilimanjaro com ele, e a cruzarmo-nos com duas ou mais centenas de montanhistas a quererem chegar ao cume como tantas vezes acontece.

O Steve começou a organizar a nossa viagem ao Kilimanjaro ao mesmo tempo que eu comecei a organizar a minha partida para à Carstensz. Ao princípio fiquei contente com isso, que ele ficasse encarregado de organizar o que fosse preciso. Parecia importante para ele, e achei que era bom ele ter essa oportunidade, e ao mesmo tempo, dar-lhe apoio. Pelo menos ao princípio ele parecia apoiar o meu projeto de escalar os sete cumes, por isso, naquela altura concentrei-me apenas nos detalhes da minha primeira montanha.

O Steve decidiu que esta escalada ao Kilimanjaro seria uma espécie de presente de Ano Novo. Assim, no dia 1 de janeiro de 2018, estávamos em África!

No dia seguinte ao termos chegado, dois guias da empresa local que o Steve havia contratado, encontraram-se connosco no hotel, explicaram-nos o itinerário, quais os serviços que nos iam providenciar e a política das gorjetas. Dar gorjetas é uma coisa muito importante no Kilimanjaro!

O Monte Kilimanjaro é uma montanha que se ergue sozinha, sem fazer parte duma cordilheira e sem contrafortes. Nessa qualidade, é a montanha mais alta do mundo, e claro, a mais alta de África. Faz também parte dum parque nacional da Tanzânia – o Parque Nacional do Kilimanjaro – o que atrai anualmente 25 000 visitantes.

É um local turístico muito movimentado. Qualquer agência de viagens local pode organizar uma viagem à região e uma subida à montanha. Os acampamentos ao longo do percurso estão cheios de fornecedores de todo o material necessário e de guias, todos locais. Para subir o Kilimanjaro é obrigatório usar um guia local. Guias locais sim, mas soube que as empresas para quem eles trabalham são todas estrangeiras. É difícil de compreender. Os nossos guias trabalhavam para uma empresa chamada Ultimate-Kilimanjaro, sediada nos Estados Unidos, mas o Steve fez a reserva no Reino Unido. Bastante confuso.

Tínhamos um guia e um guia-assistente. Quando nos levaram para o autocarro que nos esperava em frente ao hotel, havia dez pessoas já sentadas no autocarro. Eram os nossos carregadores, um cozinheiro e um "moço de recados". Imaginei que a Sandals Resorts ter-lhe-ia chamado "mordomo".

Como era o primeiro de janeiro, e a maioria dos passageiros estavam de ressaca das festas do dia anterior, disseram-nos que iríamos parar mais à frente para um breve pequeno almoço.

Eram 3 horas de autocarro até à entrada do Kilimanjaro pela estrada Lemosho, que foi o caminho que tínhamos decidido fazer. Fomos gentilmente convidados a juntarmo-nos a eles, e como não queríamos esperar dentro de um autocarro quente, aceitámos.

O pequeno almoço consistia em cerveja e churrasco. Ena pá! Que maneira de começar o ano de 2018! O Steve provou o pequeno almoço e não sabia muito bem qual a parte da vaca que estava a comer! Quando eu disse que suspeitava que era o estômago, parou imediatamente de comer. Depois perguntei ao nosso guia que confirmou as minhas suspeitas. "É o interior da vaca, o estômago", disse ele, "Eu sei que os brancos não comem essa parte da vaca, mas nós comemos a vaca toda". Não pude evitar um sorriso. O Steve mudou de cor. Também não consegui evitar uma risada velada.

O Steve lembrou-lhes então que eu era vegetariana. Eu tinha trazido uns frutos secos e refeições desidratadas em caso de necessidade. A Carstensz ainda me bailava na cabeça. Não foram, contudo, precisos. Ter uma equipa de carregadores e um cozinheiro faz parte da excursão ao "Kili". Essa parte não desiludiu.

A viagem até ao portão de entrada que nós escolhemos, levou-nos até uma grande área agrícola, com muitos campos, o que me surpreendeu. Para qualquer lado que olhasse havia inúmeras manadas de vacas, de cabras e de ovelhas. Era claramente uma área rural que se estendia até onde a vista alcançava. Na Tanzânia cultivam-se batatas, feijões, mangas, ananases, café e milho para além de outras coisas, como por exemplo, o gengibre. Era espetacular.

Com a minha mochila organizada e pronta, saímos do autocarro. Os nossos carregadores ajudaram-nos a descarregar a nossa bagagem que levaram para ser pesada, para garantir que não ultrapassávamos o peso máximo estipulado pela lei. Convém também dizer que os carregadores do Kilimanjaro estão sindicalizados o que mostra o grau de sofisticação na atividade do montanhismo.

Com o que aprendi na Carstensz , desta vez pus muito menos coisas na mochila. Fui melhorando nesta área de montanha em montanha.

Registámo-nos com o guarda do parque, preenchendo a data de entrada, os nossos nomes, profissões, nacionalidades e tempo de estadia no parque. Tivemos que repetir este processo cada vez que chegávamos a um dos acampamentos e depois à saída. Esse facto, fazia-nos esquecer que estávamos numa aventura de vida selvagem.

Começámos o dia, dirigindo-nos para o nosso primeiro acampamento, que se chama Mti Mkuwa que em suaíli quer dizer "árvore grande", através dum trilho numa zona de floresta tropical. Os trilhos estavam muito bem cuidados, mas ainda assim mantinham o seu aspeto natural. Vimos macacos de cauda branca e disfrutámos de belos panoramas. Esta parte da subida foi de ficar sem fôlego.

Subimos devagar, cada vez mais alto... ou como aprendemos a dizer em suaíli "Pole, pole". Aprendi que caminhar devagar e de forma consistente, um pé em frente do outro, era o segredo para alcançar o cume do Kilimanjaro. Foi de tal maneira assim, que no dia que chegámos ao topo da montanha, para mim foi uma surpresa agradável que deu a impressão que tínhamos ali chegado de repente!

Quando chegámos ao primeiro acampamento, a nossa tenda estava montada, os nossos sacos dentro das tendas, havia uma tenda casa de banho, uma tenda cozinha e uma tenda para refeições. Que diferença de Carstensz!! Coleman, o nosso "moço de recados", que era mais um mordomo que outra coisa, informou-nos que assim que estivéssemos prontos, ele traria água quente para "nos lavarmos". Perguntou-nos depois que não queríamos ir até à tenda de refeições onde poderíamos beber qualquer coisa quente e comer uma bucha. Não estou a brincar, parecia que estava num velho filme inglês sobre viagens, com criados e tudo. Isto não era aquela típica viagem de alpinistas – eram verdadeiramente umas férias de cinco estrelas! Todas as manhãs, o Coleman acordava-nos meia hora antes de trazer duas bacias de água quente para a nossa higiene. O pequeno almoço era servido a horas, e continuávamos depois a nossa ascensão. Os trinta minutos antes de nos lavarmos eram para que nós arrumássemos as nossas mochilas e guardássemos as nossa roupas, sacos cama, colchões nos nossos sacos. Fico contente que a Carstensz fosse a minha primeira escalada e não a segunda. Teria sido muito pior depois deste tratamento "real"!

No segundo dia fomos diretamente do campo Mti Mkubwa para o Campo Shira 2. No terceiro dia fomos do Shira 2, que fica a 3 810 metros de altitude, até Campo Lava Tower que já fica 4 600 metros. Parámos aí para almoço e depois descemos ao Campo Barranco onde passámos a noite a 3 975 metros. Subir alto e dormir no baixo, é um lema dos alpinistas pois favorece a aclimatização.

No quarto dia fomos do Campo Barranco para o Campo Karanga. Depois de uma longa caminhada com muitas descidas e subidas ficámos a 3 995 metros. No quinto dia dirigimo-nos ao Campo Barafu, o acampamento base e que fica a 4 673 metros de altitude.

O acampamento base parecia uma cena dum filme futurístico em as árvores já desapareceram do mundo, e as pessoas vivem em casas improvisadas construídas sobre rocha vulcânica. O terreno era inclinado para baixo o que proporcionava uma experiência interessante quando se ia dormir. A acrescentar a tudo isto, estava muito frio.

Quando chegámos as nossas tendas já estavam montadas. Nesse dia o Steve suou bastante e eu aconselhei-o a mudar de roupa uma vez que estava frio. Não queria que ele apanhasse uma constipação, mas ele ignorou-me. Daí lavei as minhas mãos, mas permaneci preocupada. Um pouco mais tarde, quando já estávamos nos nossos sacos cama, ele, com um gesto, indicou-me que queria fazer sexo, mais precisamente, sexo oral. Fiquei sem palavras. Sujo, cansado e num sítio cheio de tendas à nossa volta, queria fazer sexo! Quando lhe disse que não, ficou chateado e não conseguia compreender porque é que eu não queria. Sim, é verdade, ele era o meu marido, mas escalar montanhas e fazer sexo não ligam muito bem mesmo sendo casada com o companheiro de tenda. Essa era a última coisa que me passava pela cabeça. Escalar montanhas é uma coisa séria, não é ir de férias.

Depois de jantarmos mais cedo, disseram-nos para ir dormir e que o Coleman nos acordaria às 23:00 para o pequeno almoço. É verdade, pequeno almoço, isto porque iríamos iniciar a subida até ao cume à meia-noite e por isso precisámos de ir bem alimentados.

O Steve ainda estava aborrecido comigo porque quando fomos para a nossa tenda para dormir, ele ouviu os nossos guias que falavam entre si, irritou-se e mandou-os calar duma forma grosseira. Olhei para ele e disse simplesmente:
– Tu sabes que eles são os guias que nos hão de levar amanhã até ao cume, não sabes?

Não acrescentei mais nada e virei-me para o meu lado de dormir.

As mochilas deviam carregar o menos possível, e a minha levava apenas o meu aparelho GPS InReach, o telemóvel para tirar algumas fotografias, a minha câmara GoPro, os nossos passaportes (nunca se deixam em lado nenhum) e uma saco com seis bandeiras para as fotografias no cume. Levava também os meus bastões telescópicos para caminhadas, uma garrafa térmica com chá de gengibre quente e uma bexiga de água de 1,5 l, que eu queria usar o mais possível antes de congelar. Para além disso levava ainda duas camadas de roupa para enfrentar as descidas de temperatura que se iam instalando à medida que íamos subindo. Os nossos guias disseram-nos que iam levar a sua água e alguns suprimentos de emergência, como oxigénio, por exemplo, sendo que um deles não levava nenhuma mochila. Encorajaram-nos a não ser tímidos e a pedir-lhes que levassem as nossas mochilas. A mochila do Steve estava mais leve do que a minha. Ele só levava água, roupa e a câmara GoPro. Tínhamos duas buchas que tínhamos retirado dos almoços que nos tinham preparado.

Quando agarrei a minha mochila, o guia chefe, Godfrey, comentou em tom de desaprovação:
– Isto agora com a água pesa uns 7 k.
– Eu sei – retorqui.

Como sua cliente ele só podia dizer:
– Bem, se precisar de ajuda para subir a montanha, nós podemos levar isso.

Apenas reagi à sua expressão que deixava transparecer muitas dúvidas que uma mulher como eu, de pequena estatura, fosse capaz de carregar aquela mochila até ao cume da montanha.
– Obrigada. Se precisar de ajuda, eu peço.

Nunca pedi ajuda. Subi e desci o Kilimanjaro sempre com a minha mochila às costas. Senti-me orgulhosa disso. Precisava de provar a mim própria que era capaz de o fazer. Noutras montanhas eu não teria essa opção, mas nesta tive, e por isso aproveitei. Fez-me sentir bem.

Quando começámos a caminhar em direção ao cume, olhei para cima e vi as luzes das lanternas de cabeça, dos que tinham começado a subir a montanha antes de nós. Fiz um comentário sobre isso ao que Iwad respondeu:

– Aquilo são pessoas muito "pole pole". Vamos ultrapassa-los.

Naquela altura não acreditei nele, mas fomos gradualmente passando por vários alpinistas. Depois mais alguns "pole pole" e de repente olhei em frente e vi apenas meia dúzia de luzes.

Olhei para trás e vi muitas luzes. Isto alimentou a minha confiança. Fiquei a acreditar que realmente íamos conseguir.

À medida que íamos passando mais e mais alpinista notei que a maioria deles não levavam as mochilas. Quando passávamos por um grupo de alpinistas entreouvi qualquer coisa sobre uma mochila grande. Talvez erradamente, mas pensei imediatamente que se estavam a referir a mim e à minha mochila. Isso abalou um pouco a minha confiança, mas continuei a falar com os meus botões "Um dois, um dois, vais conseguir lá chegar" – e em menos de nada o Iwad disse que estávamos quase a chegar ao Stella Point. Este sítio é onde muitos alpinistas param, tiram uma fotografia e dão a sua missão como terminada, embora não seja ainda o cume da montanha. O cume fica ainda a cerca de 800 m lineares e a mais 132 m de altitude – o Pico Uhuru.

Nunca me ocorreu parar em Stella Point. Na realidade nem percebo porque é que querem parar aqui. Continuámos. O vento estava forte e o trilho era estreito. Comecei a pensar se não seria bom ideia ligarmo-nos uns aos outros com uma corda, levar crampons de caminhada nas botas ou pelo menos, um machado de gelo.

Entretanto o Godfrey aponta para lado esquerdo e diz:
– Olha o glaciar... – e ao mesmo tempo reparo que o Steve caminhava cambaleante para a esquerda, que era exatamente o lado onde estava o glaciar. Recomendei-lhe que caminhasse mais para a direita do Iwad. Estava a vê-lo escorregar pela neve abaixo em direção ao glaciar numa situação em que nós não temos cordas, não temos de facto nada que pudesse remediar a situação. Foi um momento difícil.

De repente chegámos! Estávamos finalmente no cume da montanha! Estava vento e frio, caía uma nevasca e embora fossem horas de alvorada, não se vislumbrava o sol nascente. Começámos a tirar fotografias com a minha lanterna de cabeça ainda ligada. Era algo de irreal. Fácil. Confusão de emoções. Como é que tínhamos chagado ali?

Foi quando, de repente, o Steve me trouxe de regresso à realidade. Estava a dizer que não conseguia respirar. Disse ao Iwad que o começasse a levar para baixo o mais depressa possível, enquanto eu comecei a arrumar as minhas bandeiras e a enviar as coordenadas do cume no meu Inreach, GPS satélite para registar que tinha efetivamente alcançado o cume desta montanha. O Iwad pegou na mochila do Steve e iniciaram a descida.

Alguns minutos mais tarde eu e o Godfrey caminhámos rapidamente para alcançar o Steve e o Iwad. Quando os alcançámos, o Steve ainda apresentava dificuldades em respirar, por isso prosseguimos a descida o mais rapidamente possível. Esta, não estava a ser uma descida descontraída e plena de prazer, como eu pensava que seria. O Steve aparentava estar em grande sofrimento.

A descida não estava a ser fácil. Quando passámos por Stella Point, reparei que muitos alpinistas estavam a tirar fotografias e outros estavam sentados a descansar. Tomámos um trilho diferente, e era sempre a descer.

Depois de alguns minutos, consultei o meu altímetro que indicava que já esta estávamos uns

cem metros mais abaixo. Olhei para o Steve e a cara dele estava roxa. Foi então que notei que o passa-montanhas que ele tinha parecia que o estava a afogar. Disse-lhe para o tirar rapidamente. Quando o tirou viu-se nitidamente um vinco na cara que ia desde a testa até ao queixo. Afinal era o passa-montanhas que o estava a afogar! Passados alguns momentos, exclamou:
– Ah, assim é melhor!

Senti um enorme alívio, mas confesso que levantei as sobrancelhas num gesto de incredulidade. Passámos por dois alpinistas que estavam a ser assistidos com oxigénio pelos seus guias. Outro estava a ser levado por outros dois alpinistas. Embora esta escalada fosse mais ou menos "turística", o que é certo é que, aquelas que estavam mal preparadas estavam a sofrer as consequências.

Chegámos ao acampamento base cerca da 8:45. Os nossos carregadores aclamaram-nos. Conseguimos lá chegar! O Coleman tinha quatro copos de sumo de manga e quatro cadeiras à nossa espera. Celebrámos. Foi um momento bonito. Por instantes estava feliz de estar ali com o Steve depois de ter escalado a minha segunda montanha.

Aconselharam-nos a aproveitar para descansar até às 11:00 e depois começar a arrumar as nossas coisas e estar prontos quando fossem 11:30. Seguir-se-ia o almoço e iniciaríamos a nossa descida de volta ao Campo Mweka que fica a aproximadamente 3 000 m de altitude mais abaixo. Seria aí que passaríamos a última noite da nossa ascensão ao Kilimanjaro, antes de prosseguirmos a descida até ao fim na manhã seguinte e alcançar a saída do parque antes do meio-dia.

Durante a descida, o Steve avançava praticamente a correr, embora os guias o tivessem aconselhado a abrandar a marcha, em face do terreno que era desnivelado, escorregadio e pedregoso. Mas ele só queria era chegar ao acampamento e deitar-se, revelou mais tarde. Ele contou-me isto de pois de eu me queixar que ele não ter esperado um pouco, nem sequer se ter voltado, quando eu escorreguei e caí, e me aleijei num joelho. Tal e qual foi os treinos que fizemos em casa, nós não éramos uma equipa, e o Steve não quis saber do que me tinha acontecido nem se o meu joelho doía ou não.

Levar seis dias para subir e 24 horas para descer teve um grande efeito nos músculos da frente das pernas. Para ser sincera nunca tinha sentido tanto estes músculos. Era sem dúvida uma zona do corpo que eu teria de treinar mais.

Esta subida foi desafiante? Foi.
Achei-a difícil? Realmente não.
Curti esta escalada? Não.

Durante a nossa descida, notei umas armações de metal que se encontravam espalhadas ao longo do trilho. Eram macas com dois grandes pneus à frente e equipadas com enormes amortecedores. A princípio apenas vi duas, mas uns metros mais à frente, estavam muitas mais. Eram macas destinadas a socorrer alpinistas ou carregadores que porventura se lesionassem. Não as vimos na nossa ascensão porque descemos por um trilho diferente, o que ajudar a fluir melhor o tráfego de alpinistas!

As estatísticas eram alarmantes. Cerca de 1 000 pessoas têm que ser evacuadas todos os anos do Kilimanjaro. Estimam-se 10 mortes por ano, mas há quem diga que o número é 3 ou 4 vezes maior.

Acredito. Compreendo a atração de subir ao topo duma montanha, e tendo já experimentado a sensação felicidade e embriaguez que se sente quando atingimos o cume. É verdadeiramente intoxicante! Mas compreendo também que é preciso muito trabalho de preparação, respeito pelas regras de segurança e a dedicação necessária para perseverar. O Kilimanjaro é um enorme destino turístico que atrai um número enorme de pessoas incluindo os que estão mal preparados para uma subida daquela dimensão, e que por tudo isso são mais suscetíveis de ter acidentes.

Quando chegámos ao Campo Mweka, estava exausta. Estava acordada e em movimento há 16 horas. Tínhamos ascendido aos 5 585 metros e estávamos agora a 3 100 metros de altitude. A minha relação com o Steve estava-me a preocupar.

Depois de preparar o meu saco cama e o dele, descansámos por alguns momentos até que o Coleman veio anunciar o jantar. Fomos relutantemente, eu queria mais descansar do que comer. Quando acabámos o Coleman pediu-nos para ficarmos sentados porque tinha uma surpresa. Ficámos.

A surpresa era um bolo cozido no forno, a dar-nos os parabéns por termo escalado a montanha até ao cume. Perguntei logo como é que o cozinheiro fez aquele bolo. Ele fez um bolo com uma cobertura de ganache de baunilha num fogareiro de campismo com um só bico. Até escreveu os nossos nomes e decorou o bolo. Eu não conseguiria fazer algo assim no fogão profissional que tenho na cozinha. Estava espetacular. Eu e o Steve comemos uma fatia e depois pedimos ao Coleman que cortasse mais fatias para os carregadores e restante equipa.

No dia seguinte continuámos a descida e saímos do parque.

CAPÍTULO VIII
ELBRUS

Este foi o início de várias escolhas difíceis que eu teria de fazer pela minha saúde mental pessoal, escolhas sobre como seria a minha vida a partir daqui. Por vezes parece que este foi também o início do fim do meu casamento, embora eu saiba que não foi. O início desse fim foi, na verdade, em abril de 2009. Esta subida, porém, foi quando comecei a curar e ganhei a coragem de, finalmente, deixar o Steve e terminar o meu casamento de vinte e dois anos.

Uma semana antes do dia programado para a minha partida para o Elbrus, o Steve voou para Barcelona para ser operado para mudar a cor natural dos seus olhos de cor de avelã para azul. Ele pagou mais de onze mil euros à clínica que, me disse, é a única no mundo que faz esta cirurgia. O procedimento seria feito utilizando laser.

Não percebi porque é que ele queria fazer isto. O seu argumento era que sempre tinha querido olhos azuis, mas também porque já que eu estava a gastar dinheiro para ir escalar, ele ia fazer a operação. Se eu cancelasse a minha escalada, ele cancelaria a sua viagem.

Escusado será dizer que o Steve foi a Barcelona durante uma semana para fazer esta cirurgia e chegou a Toronto no dia em que parti para a Rússia. Não sei se ele foi para Barcelona sozinho, penso que não foi, mas posso dizer-vos que hoje, os seus olhos ainda são de cor de avelã.

Saí de Toronto na sexta-feira, 20 de julho, ao início da noite. Ia escalar o Elbrus sozinha, sem o meu amigo Emmanuel.

Aquele primeiro dia de longos voos foi uma parte necessária desta aventura. Cheguei ao aeroporto de Moscovo no final da tarde de sábado, 21 de julho e fiquei imediatamente maravilhada com o que vi da Rússia. Não parecia nada como é retratado no cinema. Parecia qualquer outro país. Dito isto, o povo parecia diferente. Não sorriram muito. Eram educados e faziam o seu trabalho, mas não ofereciam sorrisos.

Ao encontrar-me com o meu grupo, fiquei aliviada por todos parecerem simpáticos. Isto tornava tudo mais fácil porque, como parte destas aventuras, era preciso fazer amigos e confiar em todo o tipo de pessoas.

Fiquei feliz por ver duas outras mulheres no grupo, para além da nossa guia Carole. Ela e o seu marido Vern Tejas eram altamente experientes e estavam entre os melhores nos círculos de montanhismo. No entanto, exsudavam delicadeza e felicidade - como se gostassem realmente do seu trabalho.

O hotel estava OK. Tinha uma cama e uma casa de banho; apenas um espaço funcional. Também aí não há sorrisos.

No domingo, 22 de julho, o jetlag estava a afetar-me (suspiro pesado). Tinha tido muita dificuldade em dormir, para além da hora que dormi por volta das 23h30 (hora local). Consegui adormecer novamente por volta das 3:30 da manhã, mas não era um sono profundo, apenas descansando num estado semiconsciente.

Mesmo assim, estava entusiasmada por lá estar. Na verdade, eu estava na Rússia! O dia foi passado em digressão por Moscovo: a Praça Vermelha, o Kremlin, e o cemitério onde estão enterrados políticos e famosos socialistas russos. Achei as lápides fascinantes e perturbadoras, mas também bastante pretensiosas. As estátuas serviam de lápides para os falecidos, incluindo pessoas como Boris Léltsin cuja lápide era uma peça de arte abstrata.

A arquitetura é maravilhosa e fascinante. Foi maravilhoso ver os detalhes que mostram as influências persa, portuguesa e até espanhola. A cidade era extremamente limpa, talvez a cidade mais limpa que eu já visitei. Certamente, Moscovo envergonha as ruas sujas e malcheirosas da cidade de Nova Iorque.

Também gostei de ver a mudança da guarda, uma influência monárquica inglesa. Mas mesmo assim, a falta de sorrisos dos residentes russos era algo que eu continuava a notar. Havia um vazio. Embora nunca rudes para ninguém, a sua presença nunca foi calorosa, convidativa ou feliz. Parecia-me estranho. Agora que olho para trás, era na verdade uma metáfora perfeita para o meu casamento.

A crença comum é que se sorrir para outra pessoa e estiver a ser educado e alegre, isso evocará sentimentos semelhantes em troca. Aí não. Eu tentei, mas em vão. Sem resposta. Nenhuma.

A nossa equipa de companheiros de escalada era um grupo maravilhoso. Era fácil criar laços com eles. Os nossos guias da Alpine Ascents, Carole e Vern, não eram apenas profissionais, mas sim anfitriões e guias calorosos, atenciosos e excelentes. Partilharam não só a sua orientação e liderança, mas também a sua amizade e amor pelo alpinismo.

Tive o privilégio de ficar a saber pela Carole que ela e Vern casaram no cume do Maciço de Vinson, na Antártida. Vern tinha-a pedido em casamento quando iam a caminho do Pico. Ambos estavam a subir sozinhos, amarrados juntos, e ele gritou-lhe: "Então, queres casar-te?" e Carole respondeu simplesmente: "Claro!" Vern não era um homem de esperar para fazer as coisas, por isso, quando viu outro guia que sabia que tinha licença para oficializar casamentos, na descida do cume com um cliente, perguntou imediatamente se ele poderia casá-lo com a Carole.

E assim foi, este guia com o cliente a reboque deu meia-volta e casou Vern e Carole no topo do Pico. Tanto o noivo, como a noiva usavam fatos de aquecimento climático, com cordas e mosquetões pendurados nos seus arneses. Foi um verdadeiro casamento no cimo da montanha! Isso foi há mais de dez anos, mas como Carole contou a história romântica, eu ainda podia ver o amor refletido nos seus olhos. Poucas pessoas podem dizer que foram pedidas em casamento e casaram na Antártida, na montanha mais alta daquele continente! Sem preço.

Para o que foi o nosso quarto dia, mais uma vez só consegui dormir uma hora antes de me deitar bem acordada à 1h30 da manhã. Tive de me levantar às 5:00 da manhã, tomar banho e preparar-me, depois sair do hotel e encontrar-me com o meu grupo no átrio do hotel às 5:50 da manhã para ir para o aeroporto. De alguma forma, consegui.

Tenho sempre dificuldade em dormir quando estou stressada, triste, com o coração partido e sozinha. A angústia da minha vida pessoal estava a germinar na minha alma e estava a afetar-me fisicamente, mas eu continuava.

De Moscovo, dirigimo-nos para Mineralyne Vody, a caminho de Elbrus, o Pico mais alto da Europa. O voo demorou cerca de duas horas, seguido de uma viagem de autocarro de três horas.

Pouco depois de aterrarmos, deparei-me com o meu primeiro verdadeiro teste. "Ok team!" Vern declarou: "Temos cerca de um quilómetro para percorrer a pé até onde se encontra a nossa boleia. Ponham os vossos sacos "duffels" (sacos de lona) nas costas e carreguem as vossas mochilas na frente".

"Fácil. Não Ema, realmente fácil" disse a mim própria desesperadamente enquanto tentava convencer-me disso. Estava bastante nervosa. A experiência no Monte Rainier e as cargas pesadas fizeram-me o coração acelerar tão depressa, que pensei que poderia sufocar-me. Ameaçava subir pela minha garganta e ser vomitado.

Mesmo com o corte do meu equipamento, o meu "duffel" ainda pesava 55 libras! Dez dos meus doze companheiros de equipa eram rapazes, e felizmente um deles ajudou-me a segurar uma das minhas correias que continuava a deslizar pelo meu braço. Caminhei estranhamente para a frente, principalmente porque o saco de lona era três quartos do meu tamanho. Apesar do peso, não me incomodava muito. "Eu consigo fazer isto", não parava de me dizer silenciosamente enquanto colocava um pé à frente do outro. Depois de apenas cerca de cem metros, chegámos à nossa localização. Fiquei contente! Ufa. Teste um – "check". O Vern tinha acabado de nos assustar de propósito.

Depois de conduzirmos durante alguns minutos, parámos para almoçar e o grupo comeu frango, borrego e carne de vaca. Eu comi salada, vegetais grelhados, pão fresco com manteiga e chá. Soube que esta parte da Rússia goza de muitas influências persas e o restaurante onde almoçámos refletiu isso mesmo.

Chegámos a Tersol depois de uma viagem de autocarro de três horas. Chegámos finalmente! Tersol era uma pequena cidade de esqui na base do Monte Elbrus. O alojamento onde ficámos, não era luxuoso, mas limpo e éramos os únicos residentes. Éramos um grupo de quinze no total. Vern e Carole apresentaram-nos as duas Angelas, que eram donas da propriedade e que cuidariam de nós durante a nossa estadia. O duo Angela sorriu.

O dia seguinte, quinto dia do nosso itinerário, foi o nosso primeiro dia de aclimatação. Caminhámos durante cerca de cinco a seis horas. Subimos a relva alta e uma colina íngreme em direção ao Observatório.

Foi neste dia que o Vern e a Carole nos deram lições sobre a respiração sob pressão. Alguns dos meus colegas de equipa pareciam já ter aprendido, mas eu sentia-me sempre sem fôlego. Quando aprendi este estilo de respiração no Monte Rainier, achei-o complicado. Deixou-me atordoada e ainda mais sem fôlego. Respirar não deveria ser tão complicado! Com a ajuda de Vern e da Carole, aprendi que não era. O método deles era soprar o ar viciado para fora dos seus pulmões enchendo a boca de ar até ficar com as bochechas como um esquilo, e depois soprá-lo como se estivesse exasperado com alguém. Bingo! Isto soube bem!

No sexto dia escalámos um lado diferente do vale. Quando estávamos muito perto da fronteira georgiana, a maioria da equipa brincou a atravessar a fronteira ilegalmente; como se a tentativa de escalar o Elbrus não fosse suficientemente perigosa! Será que precisávamos mesmo que as autoridades georgianas ou a polícia russa nos acrescentassem a perspetiva de sermos abatidos ou detidos?! Felizmente, não há vítimas a comunicar.

Todos os dias subimos a mais de 3.048 m de altitude. Aprendemos a andar a passos largos e eu continuei a praticar a minha nova técnica de respiração. Em ambos os dias, vimos o Monte Elbrus a elevar-se sobre o vale. O Monte Elbrus é um vulcão extinto com dois cones, e situa-se a 5.642 m. Desde que a Rússia se tornou parte da Europa, é oficialmente o pico mais alto da Europa e, portanto, parte dos 7 Picos. Quando a Rússia fazia parte da URSS, o pico mais alto da Europa era o Monte Branco, na França.

No sétimo dia, reembalámos os nossos sacos de lona. Deixámos o que não era uma necessidade na montanha no nosso segundo pequeno saco e fechámo-lo. Foi guardado para nós numa sala até à nossa descida da montanha.

Carregámos a carrinha com os nossos sacos de lona, mochilas e quarenta litros de água; quatro garrafas de cinco litros cada uma por alpinista. Fomos então conduzidos até ao elétrico. Não havia volta a dar e eu estava nervosa. Mais uma vez.

O acampamento de base no Monte Elbrus era um lugar muito sujo. Deixem-me explicar. Havia lixo por todo o lado. As casas de banho eram três paredes e uma porta, com um buraco no fundo. Cada vez que alguém utilizava estas 'instalações', a urina e as fezes caíam livremente no ar e aterravam nas rochas que se encontravam por baixo.

O nosso alojamento era um dos mais agradáveis. No seu interior era ao estilo de albergue; oito de nós partilhávamos um quarto, dormindo em quatro pares de beliches. O pessoal estava constantemente a lavar o chão. Mantivemos as nossas botas de caminhadas retidas numa área designada, mas apesar disso e dos seus esforços, era difícil mantê-lo limpo por dentro, quando ninguém limpava por fora.

Não estávamos lá para umas férias, por isso deixei de lado a minha avaliação do ambiente e concentrei-me na formação, conforme as instruções. O Vern e A Carole não nos deixaram perder tempo. Logo após o almoço, fizemos uma pequena caminhada na geleira. Eles aproveitaram a oportunidade para ensinar e rever as caminhadas em grupo. No alpinismo, por segurança, vamos amarrados, uns aos outros, e viajamos como uma equipa quando enfrentamos terrenos difíceis, tais como atravessar uma geleira ou subir uma encosta de neve íngreme no caminho para o cume e voltar. Se alguém escorregar numa encosta ou cair numa fenda, os outros da equipa usam a técnica do self-arrest e atuam como âncora humana para travar a queda. Os membros da equipa trabalham então em conjunto para salvar o alpinista que caiu. Este exercício foi ótimo para praticar.

No dia seguinte, fizemos uma caminhada mais longa, em altitude. Subimos até à zona das rochas de Pastukhov, ainda que no dia do cume, levássemos o "Cat" até este ponto e começássemos a nossa subida a partir daí. Os Caterpillar (carros de lagartas - frequentemente chamados "Cat") estavam disponíveis para levar os alpinistas a subir a montanha. Utilizámo-los. Neste dia, também utilizámos os nossos grampos pela primeira vez. Conseguimos encaixá-los devidamente nas nossas botas e fiquei satisfeita por o Vern ter ajudado a encaixar perfeitamente os meus nas minhas botas Sportiva Spantik. As suas mãos experientes ajudaram-me com um par de ajustes (esticar e dobrar).

Durante essa caminhada de treino, ganhámos cerca de quinze mil pés de altitude. A cada caminhada, aclimatávamo-nos.

No final da tarde, revimos os meandros da construção da âncora. Havia fendas no glaciar e estar armados com mais conhecimentos e competências não é mais do que um benefício.

O nosso oitavo dia, 28 de julho, deveria ser um dia de descanso, pois no dia seguinte iríamos tentar atingir o pico mais alto da Europa. No entanto, como atletas, não podíamos ficar a olhar o dia todo, decidimos praticar a nossa habilidade com o machado de gelo. Estas competências são cruciais para a autoconfiança e prontidão em situações de emergência, em caso de queda acidental ou escorregamento.

Passámos um par de horas da manhã a praticar exatamente isso. Reproduzimos, de propósito, várias formas de cair e como usar o machado de gelo no nosso self-arrest, para nos impedir de deslizar pelo glaciar, longe do possível alcance dos nossos companheiros de equipa. Esta era uma manobra de potencial salvamento de vidas. Muito importante.

Embora não antecipássemos atravessar nenhuma fenda durante a nossa subida ao Pico, O Vern e a Carole criaram algumas estações de treino para auto-extração para fora de uma fenda, para que pudéssemos refrescar a teoria e praticar esta competência noutras montanhas. Aprender com o homem que, atualmente, detém o título de 70 Picos, ou seja, ele escalou todos os 7 Picos, dez vezes cada um, foi um privilégio.

Depois disso, foi um dia de descanso. Vern tinha estado a olhar para a neve que soprava no topo do Elbrus e a observar o tempo. Ele tinha estimado que o dia seguinte seria o dia do nosso Pico.

O descanso não foi fácil. Vários dos nossos companheiros de equipa sofriam de problemas intestinais e eram necessárias muitas viagens às "instalações sanitárias". Todos estávamos preocupados com o que estávamos a comer. Ser vegetariano ainda é complicado quando se viaja, quer dizer, quando se escala. Só o facto de necessitar de acesso a fornecimentos específicos torna tudo muito mais difícil, pelo que estou quase mais limitada do que outros colegas.

Problemas intestinais é de que são feitos os pesadelos para os alpinistas. A última coisa que se precisa no dia da subida ao cume é de uma casa de banho devido a diarreia ou vómitos.

A minha roupa para o dia de subida ao cume é a habitual. Embalo-a sempre separadamente de outras roupas nos meus sacos de viagem. Tal como a expressão "o melhor para o domingo", a "roupa para o dia de subida ao cume" é também uma expressão para quem escala montanhas. Cada um de nós revezou-se, por questões de privacidade, durante a tarde, para vestirmos a nossa roupa de dia de subida ao cume e prepararmos as nossas mochilas.

No domingo, 29 de julho de 2018, a nossa equipa "Putin on the Ritz", assim batizada depois de, por insistência do Vern, lhe termos arranjado um nome, colocámos os nossos alarmes para um pequeno-almoço às 2:00 da manhã. Neste nono dia da nossa aventura, eu, como vários dos meus companheiros de equipa, já estava acordada. O Vern ligou a chaleira elétrica para termos água quente, para aquecermos o nosso primeiro lote de garrafas de água, e depois estávamos prontos para partir.

O nosso plano era estarmos prontos e em andamento às 3:00 da manhã e estarmos junto dos "Cats" para colocarmos os nossos grampos às 3:30 da manhã. E foi o que nós fizemos. Os nossos dois "snow cats" encheram-se rapidamente com o nosso equipamento à medida que o nosso grande grupo embarcava de forma desajeitada. Sentámo-nos entusiasmados, antecipando o que estava para vir e agarrámo-nos bem enquanto os "snow cats" nos levavam para o cimo da montanha, para logo a seguir aos Rochedos Provesky no Monte Elbrus. Depois todos nós saímos. O nosso empurrão para o cume tinha começado.

Tirámos os nossos casacos porque aprendi que era importante começar a escalar com um pouco de frio. Segui o conselho de Vern sobre isto para o resto das montanhas. O Vern tinha aconselhado que devíamos começar a caminhar sentindo um pouco de frio porque os nossos corpos aquecem rapidamente assim que começamos a andar. Colocámos a seguir os nossos óculos de neve, com os nossos passa-montanha (face buffs) firmemente enfiados debaixo da correia dos óculos, para não deixarmos exposta nenhuma parte dos nossos rostos. O meu passa-montanha tinha uma bandeira do Canadá, demonstrando como estou orgulhosa de ser canadiana!

Estava vento e frio quando começámos a sair. Todos nós sabíamos que à medida que ganhávamos altitude, a temperatura diminuiria e os ventos aumentariam. O céu azul-claro que tínhamos visto nos dias anteriores, quando olhávamos para a montanha desde o acampamento base, era uma mera ilusão. Claramente, isto NÃO ia ser fácil.

No dia anterior, quando fomos informados pelo Vern que iríamos tentar chegar ao cume, foi com a expetativa de que o tempo seria semelhante ao do dia anterior. O relatório dos alpinistas que tinham chegado ao cume era que tiveram de "rastejar" literalmente até ao cume. Eu própria tinha visualizado a ação de "rastejar" e, ainda assim, apenas meio acreditei no Vern quando nos disse. Eu pensava que ele estava a exagerar. Em poucas horas, aprendi em primeira mão, que "rastejar" era o adjetivo certo. Um exercício assustador; mas a única maneira.

Com as nossas mochilas firmemente afiveladas nas costas, com os nossos faróis ligados, começámos o que tinha de ser feito. Assegurámos que o nosso machado de gelo estava acessível - isto pode ser feito de formas diferentes, mas normalmente coloco o meu entre as minhas costas e a mochila. Ajustei os meus dois bastões de trekking ao comprimento adequado de subida. Estes foram dois truques que aprendi e revi até se tornarem naturais à medida que trepava.

Em fila indiana, um passo de cada vez, praticando tanto o nosso passo de descanso como a respiração sob pressão, começámos a escalar. Concentrei-me em ambos, e ao mesmo tempo, assegurei que cada um dos meus passos fosse cuidadoso, de modo a não deixar os meus grampos emaranhados um no outro. Concentrei-me no meu ritmo e nada mais.

"Um, dois, whooof.... um, dois, whooof..."

Sei que para outros, que olham para nós de baixo ou mesmo de trás, parecemos pirilampos a subir lentamente a montanha com apenas a luz dos nossos faróis visíveis. É algo comum, no dia de subida ao cume, em cada montanha. Os pirilampos de corda, movendo-se para cima no frio extremo e no vento.

Quando a luz do dia começava a desaparecer e chegámos à nossa primeira paragem, o Vern orientava-nos. Ele lembrou-nos: "Mantenham-se quentes". "Pausa de dez minutos". "Lembrem-se de urinar, beber e comer - por essa ordem". "Não querem ser apanhados com as calças em baixo quando estivermos prontos para ir!" O seu sentido de humor levantaria os nossos espíritos. O seu conselho constante foi bem-vindo e eu recordei-o em todas as minhas outras subidas.

A primeira paragem de descanso foi próxima de um caterpillar de neve, vermelho e quebrado, que parecia um adereço no cume. Duvidei que alguma vez fosse removido, é apenas mais um pedaço de "lixo" no Elbrus.

A modéstia na montanha não existe. Foi sempre o meu maior medo, mas logo me tornei imune a ele. Aprendi a aceitar as minhas necessidades básicas e, felizmente, aprendi que todos são muito respeitosos quando precisamos de as satisfazer.

"Dois minutos, pessoal"! Vern comandava e sabíamos que era altura de terminar e ir andando. Todos nós respondemos o mais rapidamente possível.

Continuámos a nossa ascensão à medida que o sol deslizava lentamente para além das nuvens brancas e fofas, pintando uma auréola dourada à sua volta. Levantou-se para marcar o seu lugar no céu azul. Por um breve momento, tanto o sol como a lua partilharam o mesmo espaço. É tão mágico o que Deus cria. E a partir deste ponto de vista, ainda mais.

Anatoli, o fotógrafo de montanha "oficial" andava de grupo em grupo, captando momentos especiais, que depois nos venderia dentro de alguns dias. Ele sobe a montanha todos os dias. O Vern disse-nos, a certa altura, para simplesmente puxarmos os nossos passa-montanha para baixo para deixarmos um breve sorriso na câmara de Anatoli, à medida que passávamos por ele. Nós fizemos isso. Ele registou os nossos rostos vermelhos por baixo dos nossos passa-montanha.

A nossa segunda pausa foi na face vertical da montanha, mesmo ao largo do estreito caminho de trekking. Ao seguirmos a nossa rotina de pausa, tentei não pensar na altura em que estávamos ou considerar que um deslize colocaria qualquer um de nós a demonstrar as nossas técnicas de segurança com o machado de gelo. É melhor não pensar nessa possibilidade. Nenhum de nós queria praticar isso. Tentei não olhar para trás por causa do meu medo das alturas e, em vez disso, simplesmente disse a mim própria que estava numa base sólida. Isso ajudou.

Enquanto continuávamos em fila indiana, deparámo-nos com outro grupo. Após alguns momentos, os nossos guias e os deles negociaram a nossa passagem à sua frente. Todo o nosso grupo se sentiu secretamente bem com esta manobra. Parecia que estávamos a avançar a um ritmo decente!

Pude ver que estávamos a entrar na sela. A sela é denominada como tal porque é uma ligação entre ambos os picos da montanha, parecendo-se com uma sela real.

Enquanto na sela, o vento não era tão prevalecente e eu insensatamente pensei que o Vern estava a exagerar sobre a velocidade do vento que esperávamos. Aprendi rapidamente a nunca duvidar do Vern!

Ao olhar para a frente, pude ver neve soprada pelo vento criando nuvens de poeira de encontro e à volta de outros colegas alpinistas já na base da sela e a subir pelo outro lado em direção ao cume. O breve silêncio que sentimos foi muito semelhante ao proverbial "calma antes da tempestade".

Quando chegámos à base da sela, o vento demonstrou a sua superioridade. Empurrou-nos como um valentão, exigindo que recuássemos e lutássemos para nos mantermos verticais.

O Vern comandou-nos e guiou-nos eficientemente para vestirmos os nossos casacos. Precisávamos de urinar, beber e comer como em qualquer outra pausa, além de que precisávamos de colocar os nossos arneses. Prendemos todas as nossas mochilas e bastões de caminhada numa pilha e deixámo-los para trás antes do nosso empurrão final. Isto para facilitar a fase final até ao cume, mas também para poupar espaço - não havia muito espaço lá em cima!

Os nossos guias ajudaram-nos a colocar os arneses, sem tirarmos os grampos. Como a Irina e o "Jason" (não o seu nome verdadeiro, mas apelidado por nós por causa da sua máscara facial branca) nos ajudaram, faço uma nota mental para conseguir um melhor arnês para as minhas futuras subidas. Depois fomos embora, para a reta final.

Pouco depois, sentimos a provocação desafiadora do vento para "lhe fazermos frente" apenas com o nosso machado de gelo na mão, como se pudéssemos ameaçar o vento para o obrigar a "recuar". Assim que quebrámos a linha estática, o vento recuou, provocando-nos, dando-nos uma falsa sensação de esperança. Depois voltou com rajadas contra nós, com velocidades de cerca de 50 km por hora. Momentaneamente, o vento respirava fundo e exalava granulados de gelo que atingiram os nossos rostos e corpos, fazendo ameaças exigentes contra nós. Nunca tinha sentido um vento como este. Verdadeiramente, se perdêssemos a nossa atenção, ele poderia atirar-nos para o abismo. Interroguei-me brevemente se seria esta a sensação de Denali ou Vinson, mas não tive muito tempo para ponderar neste pensamento, pois toda a minha energia foi gasta na concentração em cada passo, apoiando-me com o meu machado de gelo e também controlando o meu alcance na corda fixa.

De repente, apercebi-me que estávamos "a rastejar" até ao cume. O rugido do vento, o ferrão das paletes de gelo no rosto, e a concentração necessária, eram todos muito reais. Estávamos de facto a rastejar até ao topo.

Depois, ao sairmos da secção de corda fixa, continuámos devagar, empurrados para baixo, subindo o cume do glaciar em direção ao ponto mais alto. Estava à vista e isso encorajou-nos, mas todos nós movemos muito lenta e cuidadosamente. Apesar de o vento ter desistido de nos atirar pó de neve, continuou a empurrar-nos desafiadoramente.

E depois, de repente - estávamos lá! Estávamos no topo do Monte Elbrus! Conseguimos! Consegui! O espaço do cume tinha talvez 10×12 pés, um espaço pequeno e apertado. Só o nosso grupo encheu-o, enquanto outros competiam para partilhar a área.

Ao mesmo tempo, apercebi-me e senti que o vento me ia soprar para longe. Isto não foi uma boa sensação; apesar do alívio de ser bem-sucedida, ainda precisava de me concentrar.

Prendi o meu machado de gelo no chão e agarrei-me. Comecei a retirar a minha primeira bandeira, as bandeiras portuguesa e canadiana que tinha cosido juntas, e apercebi-me que o vento soprava como uma vela de barco fora de controlo. Outro alpinista viu-me lutar e ajudou-me a cumprir o objetivo, enquanto o Andrey, um dos nossos guias tirava uma fotografia.

Eu sabia que não seria possível tirar fotografias de todas as minhas bandeiras: a bandeira do Language Marketplace, a bandeira da Peaks for Change, CAMH, e porque escalo. Também percebi que não seria capaz de tirar uma fotografia da minha bandeira #JesusRocks que pintei à mão em Rainier. O meu coração transbordou tristeza.

Enfiei rapidamente a bandeira no meu casaco e tentei segurar a minha bandeira "Julia e Ethan", para os meus netos. Eles são o meu "Prozac", a minha psiquiatra disse-me uma vez, quando descreveu como os meus olhos brilham quando falo deles. Infelizmente, o vento amachuca-a em resposta, enquanto o Andrey me tira uma foto rápida. Esta foi a pior imagem.

Juntei-me então ao resto do grupo para uma foto de grupo no topo e, sem mais nem menos, acabou. Acabou.

Faz-me lembrar um casamento. Demora tanto tempo, esforço e preparação e espera-se com grande ansiedade, mas depois acaba tão depressa. Naquele dia, não houve tempo para saborear o momento. Era tempo de seguir em frente. Outros estavam à espera de tomar o nosso lugar e queriam que avançássemos. Contudo, tive tempo de respirar fundo e olhar em volta num movimento de 360 graus, memorizando a verdadeira beleza que nos flagelou lá em baixo. Picos adornando o horizonte que nos rodeava, como uma coroa, quando estávamos no topo da Europa.

Foi aqui que me apercebi de que Deus me tinha levado numa viagem, uma viagem para tornar a minha fé mais forte. Confiando e acreditando de todo o coração Nele, que Ele me mostraria que a minha dor diminuiria e me daria um propósito.

CAPÍTULO IX
MACIÇO DE VINSON

O Emmanuel escalou e atingiu comigo o cume do Monte Vinson.

Subir ao Monte Vinson e ir para a Antártida foi uma prova de superação e nervosismo. Senti que havia muita coisa a trabalhar para garantir o sucesso da expedição, e não estou a falar apenas da componente financeira.

A escalada do Monte Vinson é a mais cara dos 7 Picos mais altos, depois do Evereste. A localização remota da Antártida e o constrangimento de tempo para poder aceder à montanha desempenham um papel enorme no custo. Há um curto espaço temporal para escalar o Vinson, que vai desde finais de novembro até meados de janeiro.

Fui entrevistada, fiz escalada de inverno obrigatória e treino de salvamento de fendas com o Leo, no Quebeque, desta vez sem partir nada, nem uma costela.

Éramos um dos primeiros grupos da época. Viajámos com a companhia guia de expedições que tínhamos escolhido - a ALE (Antarctic Logistics Expeditions), pois a ALE é o único operador com voos de acesso a Vinson. A ALE tem operado continuamente na Antártida desde 1987. Foi o primeiro operador turístico "land-based" a utilizar aviões, com rodas, em pistas de gelo azul. Executaram, com segurança, centenas de voos intercontinentais, de ida e volta, do Chile para o interior da Antártida e apoiaram praticamente todas as expedições privadas que esquiaram, voaram ou conduziram através da Antártida. As poucas centenas de dólares adicionais em custos valeram a pena.

De malas feitas, e prontos para partir, deixámos Toronto a 13 de novembro de 2018. Esperava que o Emmanuel chegasse tarde ao aeroporto internacional de Toronto, Pearson International Airport, como quando escalámos Carstensz, mas para minha surpresa, ele tinha-me batido na chegada ao aeroporto. Ele tinha festejado demasiado na noite anterior, pois tinha sido o seu aniversário e ainda estava em modo de festa, quando chegou a hora do voo.

Fomos uma semana inteira com antecedência para Punta Arenas, para explorar a Patagónia. Tinha feito duas malas: uma para explorar a Patagónia e outra, o meu saco amarelo North

Face, pronto para a Union Glacier, cheio com todos os artigos da lista da Antarctic Logistics & Expeditions e com peso inferior a 25 kg. Tinha passado pouco mais de um ano desde que escalei a minha primeira montanha, a Pirâmide Carstensz, e estava muito assustada.

Voámos de Toronto para Santiago do Chile na Air Canada, depois apanhámos voos de conexão para Punta Arenas. Tínhamos partido de Toronto às 21:10 da noite anterior. Foi um voo longo. Quando acordei, o céu parecia limpo. Na minha confusão, por acordar no avião ou pela minha excitação de ir à Antártida, desapertei o cinto de segurança, ajoelhei-me na minha cama, ainda completamente estendida, como uma criança que se prepara para saltar na cama, e olhei para a bela paisagem, confundindo as nuvens com neve. Quando perguntei à hospedeira de bordo se havia neve lá em baixo, ela sorriu de forma divertida e disse: "neve? Não. Parece que é, por causa das cortinas automáticas nas janelas, mas estão 30 graus lá em baixo, não há neve". "Oh" disse eu... sorri e pensei para mim, "oh sim, há muita neve para onde vou".

O Emmanuel tinha escutado esta confusão. Ao recolher o meu assento para uma posição sentada, preparando-me para tomar o pequeno-almoço alguns momentos depois, olhei novamente pela janela e pude ver montanhas. O Emmanuel disse do seu assento: "É o Aconcagua". Vi-o a sorrir enquanto olhava para ele, acenando com a cabeça em confirmação. Ao olhar para fora, o meu coração bateu um pouco mais depressa quando olhei para a montanha. Eu já tinha o Aconcagua reservado e iria escalá-lo sozinha. Respirei fundo e pensei, em primeiro lugar, que neste momento íamos subir o Vinson. Sacudi os pensamentos e os sentimentos. Nessa altura, iria escalar o Maciço de Vinson com o meu melhor amigo.

Na primeira manhã em Punta Arenas levantei-me cedo, com o nascer do sol, às 4:30 da manhã, hora local. Depois de algum tempo, saí para dar uma vista de olhos pela cidade. Vi um cão, na parte de trás de uma camioneta, pacientemente à espera e pensei na minha cadela Daisy, que tinha ficado em casa. Tive saudades dela. Enquanto caminhava em direção à água, no centro da cidade vi a bandeira portuguesa num edifício deslumbrante, que era agora um bar e restaurante. Pensei, com um sorriso, como os portugueses estão por todo o lado.

Por volta do meio da manhã, tivemos uma verificação de equipamento com Robert Anderson, da ALE. O Robert também nos tinha ido buscar ao aeroporto no dia anterior. Na altura, nem eu nem o Emmanuel nos apercebemos da honra de termos o Robert, uma verdadeira lenda, como nosso representante de ligação para a ALE, naquela época. Só descobrimos alguns dias mais tarde, quando conhecemos mais membros da nossa equipa. Robert "Madds" Anderson é um autor, orador, diretor criativo e alpinista que escalou os 7 Picos a solo. Acima de tudo, descobri que ele era um homem que personifica a humildade. Surpreendeu-me. Soube, ao conhecê-lo, que esta viagem seria uma grande experiência de aprendizagem para mim.

Durante a nossa verificação do equipamento, o Robert transmitiu-nos, pacientemente, algumas regras e forneceu-nos conselhos valiosos para o nosso tempo em Vinson. Como resultado deste conselho, o Emmanuel teve relutantemente de ir comprar outro par de luvas. Ele tinha argumentado que não precisava delas, e no final tinha razão, mas certo equipamento é obrigatório quando as temperaturas podem atingir -50 graus Celsius. As luvas eram importantes e o Robert não cedeu na exigência.

Nessa tarde fomos comprar luvas para o Emmanuel, e enquanto saíamos, fizemos planos para ir explorar a Patagónia e escalar as Torres del Paine. Alugámos um carro e fizemos reservas de hotel. Também caminhámos até ao monumento de Fernão de Magalhães, o explorador português, e posámos para uma foto junto do seu pé. Outros turistas estavam a beijar o pé, porque diz a lenda que quem beijar o pé certamente voltará a Punta Arenas. Mas lendas à parte, eu sou um pouco germafóbica, por isso posar foi suficiente para mim. E como não sou supersticiosa, espero voltar novamente a Punta Arenas. No dia seguinte, fomos ver os pinguins.

Depois, saímos de Punta Arenas, passámos uns dias na Patagónia. A Patagónia é uma região que abrange a vasta ponta mais meridional da América do Sul, partilhada pela Argentina e pelo Chile, tendo a Cordilheira dos Andes como linha divisória. Caminhámos em Torres del Paine; três horas para cima, e uma hora trinta minutos para baixo. Vale totalmente a pena. A caminhada Torres del Paine, que faz parte do famoso W-Trek, foi uma experiência incrível. A beleza majestosa dos vales, vistas de picos cobertos de neve, lagos glaciares, formações rochosas deslumbrantes e, claro, o ar fresco foi uma experiência indescritível que foi o prelúdio perfeito para o Vinson.

Disseram-me que aproximadamente 275.000 visitantes por ano visitavam a área. Comparando com a população de apenas 170.000 habitantes, pode-se concluir que foi uma caminhada movimentada. E nem todos eram caminhantes. Lembro-me particularmente da irritação do Emmanuel ao ver uma jovem mulher de sandálias de marca, caminhando com cuidado sobre as rochas soltas, enquanto caminhávamos em direção ao topo e ao fim da trilha.

Do outro lado do "W" havia grandes caminhadas que levavam a um lindo iceberg. Eu nunca tinha visto um iceberg. Quase no fim da trilha, onde teríamos uma bela vista do iceberg, deparámos com uma viajante solitária. Ela perguntou-nos em francês se falávamos francês, pois parecia um pouco perdida. Emmanuel, claro, respondeu. Demorou pelo menos quinze minutos até o Emmanuel perceber que eu estava lá à espera, com o vento frio, enquanto namoriscava com esta rapariga. Eu sabia que estava na sua natureza flertar, mas amo-o de qualquer forma e sinto-me muito abençoada por tê-lo como o meu melhor amigo. Na altura, lembrei-me de pensar que devia haver algo entre mim e os homens. Senti-me invisível assim que outra mulher estava por perto. Refletindo desde então, tenho a certeza de que era apenas PSPT (Perturbação de Stress Pós-Traumático) por causa do Steve.

De volta a Punta Arenas, sentei-me sozinha, ansiosa, dentro do restaurante do nosso hotel, Rey Don Philippe, a olhar para a rua. Estava sol, mas o vento soprava. Estava sempre vento e frio lá, e era Verão. Soubemos que ninguém usava um guarda-chuva quando chovia porque o vento os destruía. O Emmanuel passava todo o tempo que podia no seu quarto, a dormir. Ele sabia que partilhar uma tenda não é fácil. Eu invejava-o secretamente. Não o conseguia fazer. Estava tão inquieta.

O serviço de transporte ALE veio buscar os nossos sacos umas horas mais tarde. Senti-me excitada, mas sabia que ainda precisava de decidir se queria pôr no saco as sapatilhas que estava a usar naquela manhã. Tinha começado a sentir-me um pouco deslocada, sempre a usar as minhas botas azuis Valentino, botas que tinha usado nos últimos 4 ou 5 dias, mesmo quando saía para comer e passear, por isso tinha calçado os meus ténis. Mesmo agora ainda não percebo porque é que alguém usa calçado de caminhadas quando não faz caminhadas ou escaladas. De qualquer modo, naquela manhã cedi, uma vez que tecnicamente a nossa expedição estava prestes a começar, e decidi não pôr na mala as sapatilhas. Quem me dera tê-lo feito.

A minha garganta estava a doer um pouco naquela manhã e pensei que tivesse apanhado a constipação do Steve. Esperava estar bem na Antártida porque imaginava que não seria bom estar doente lá. Sabia que poderia tomar medicamentos enquanto lá estivesse, mas não seria o ideal. Tinha tomado muita vitamina C, na verdade estava a reduzir, mas tomei mais alguns comprimidos enquanto esperávamos para sair.

Depois da nossa bagagem ter sido recolhida por volta das 11:00 da manhã, almoçámos em grupo às 12:30, onde conhecemos algumas das outras pessoas que iriam escalar connosco.

Tivemos uma sessão de informação no escritório da ALE às 16:00, onde também recolhemos os nossos cartões de embarque para o voo dos próximos dias para a Antártida. Estes cartões de embarque eram os melhores, tinham um pinguim.

Robert Anderson, o nosso representante local da ALE, fez-nos uma apresentação geral do que poderíamos esperar na Antártida. Estiveram presentes vários grupos, incluindo os que iam escalar o Vinson, convidados que iam visitar os Pinguins Imperadores, os que iam esquiar o último grau, os que iam em expedições individuais ao Pólo Sul, e até um casal com um carro movido a energia solar, para atravessar a Antártida. O carro tinha sido impresso com uma impressora 3D. Não estou a brincar.

Durante o briefing da ALE também conheci o Sherpa Lakpa Rita, que ia ser um dos nossos guias. Lakpa tornou-se o primeiro Sherpa a escalar os 7 Picos, incluindo a escalada do Evereste, dezassete vezes. Fui uma sortuda, tenho de admitir.

Na manhã seguinte, 26 de novembro, fomos para o aeroporto e embarcamos no Ilyushin. O Ilyushin Il-76 era um avião russo de quatro motores, polivalente, que começou por se destinar a voar como cargueiro comercial, em 1967. Foi concebido para entregar maquinaria pesada a áreas remotas e mal servidas. As versões militares da Il-76 têm sido amplamente utilizadas na Europa, Ásia e África.

A ALE alugou um destes aviões para a época. O avião veio com a sua própria tripulação russa. Foi modificado no interior com alguns bancos e, como não havia janelas, foi instalado um grande ecrã de TV na frente do avião para que os passageiros pudessem ver o avião ser guiado na pista, descolar e aterrar. A TV recebeu a alimentação de uma câmara no exterior da frente do avião.

A ALE também tinha o seu próprio hospedeiro em cada voo para nos dar tampões auriculares, uma bebida ou duas e um par de petiscos.

O Ilyushin leva combustível suficiente para uma viagem de regresso de Punta Arenas a Union Glacier.

Não pude acreditar na minha sorte! Tive de me sentar ao lado de Lakpa. Foi tão emocionante para mim naquele momento, como se tivesse sido o Bon Jovi.

Quando chegámos a Union Glacier, o avião aterrou numa pista de gelo azul e, embora o Ilyushin não tivesse dificuldade em parar, nós passageiros sentimo-nos um pouco deslocados ao escorregarmos e deslizarmos sobre o gelo. Estava frio e vento, mas a nossa excitação ao chegar era grande. Posámos para várias fotografias em frente ao avião antes de embarcarmos nos camiões que nos levaram ao acampamento do Union Glacier.
Estava na Antártida! Estava frio! Era como se estivesse num lugar fora deste mundo. Lembro-me de me sentir tonta, eufórica e feliz. O Emmanuel sorriu e tenho a certeza de que se sentia da mesma maneira.

A viagem desde a pista até ao acampamento foi de cerca de 25 minutos, embora a distância fosse de apenas 5-6 quilómetros. Estávamos nuns veículos Ford com pneus de Inverno monstruosos.

Quando chegámos ao Union Glacier, foi-nos dado um passeio pelo acampamento, pelas instalações, e um resumo dos "o que se pode fazer" e "o que não se pode fazer" nas casas de banho. Já mencionei que estava frio?

As vistas à minha volta eram tão claras e limpas que era como se estivessem a lembrar-me de não tirar os óculos de sol. A neve é tão clara e brilhante, que podia cegar-nos. Lembro-me do Vern no Elbrus dizer que se tirássemos os nossos óculos de sol, os nossos olhos iriam doer tanto, que iria parecer que tínhamos lixa dentro dos nossos globos oculares. Nunca tentei provar a sua teoria errada ou certa, através de qualquer uma das montanhas cobertas de neve. Foi-nos atribuída uma tenda. As tendas tinham forma de concha, com alcatifa no chão e camaratas. Havia uma mesa rebatível entre os nossos berços. O Emmanuel e eu partilhámos uma tenda. As nossas malas foram entregues por skidoo! O Union Glacier era basicamente um resort sobre gelo!

Depois de nos instalarmos nas nossas tendas, fomos convidados para a tenda de jantar comunitária. A ALE não serve a comida mediana da sua cafetaria! Havia escolhas vegetarianas e sem glúten, produtos frescos cozinhados e refeições feitas frescas para o pequeno-almoço, almoço e jantar, e claro, a meio da manhã e lanches da tarde! Água quente, chá e café estavam sempre disponíveis e durante as refeições havia vinho branco e tinto.

O Union Glacier foi a nossa primeira pista de que escalar o Monte Vinson e subir ao Pico não seria uma tentativa de nível médio. Pelo menos, não quando a ALE era o nosso guia de serviços de expedição. Estragavam-me com mimos.

No nosso primeiro dia na Antártida, após o jantar no Union Glacier, falou-se da possibilidade de voarmos até ao acampamento base nessa noite. Havia mesmo uma pessoa da ALE a andar por aí com um voo marcado. Tenho de mencionar que na Antártida, demora cerca de dois meses para o sol nascer (de agosto a outubro) e depois permanece de dia de outubro a março. Depois leva mais dois meses para o sol se pôr (de março a maio). Finalmente, permanece bem abaixo do horizonte de maio a agosto quando a Antártida está em completa escuridão.

Acabámos por não sair nessa noite, uma vez que o tempo não cooperou. Passámos a noite no Union Glacier no nosso quarto de resort, com forma de ameijoa.

Na manhã seguinte, a 27 de novembro, após o pequeno-almoço, embarcámos num dos aviões lontra gémeos, operados pela Ken Borek Air, uma companhia aérea baseada em Calgary, no Canada. Foi a companhia contratada pela ALE para pilotar a temporada na Antártida. O Emmanuel e eu estávamos no primeiro voo. Lakpa e Sebastian, um dos guias, também voaram connosco para o acampamento base, pois éramos o primeiro grupo da temporada.

Todos os guias ALE são ultra-qualificados e recebem um horário de rotação de trabalho como guias e guardas-florestais. Os guardas-florestais no Vinson são guias ALE, mas também estão disponíveis para ajudar outros alpinistas com as suas expedições, em caso de emergência.

O nosso voo para o acampamento base foi de cerca de 20 minutos, e tudo o que pudemos ver pelas janelas foscas foram cumes cobertos de neve. Era claro que estávamos na Antártida.

Quando aterrámos, fomos saudados por uma guia de cara sorridente e feliz chamada Tre-C (pronuncia-se Tracy). Ela conhecia os nossos nomes, saudou-nos a todos como velhos amigos e depois procedeu à excursão mais importante; como urinar na Antártida.

O número "2" é transportado por avião para fora da Antártida, de volta ao Chile, mas o "xixi" permanece na Antártida, de acordo com o Tratado Antártico. O Tratado da Antártida é um protocolo ambiental com diretrizes estabelecidas para lidar com a eliminação e gestão de resíduos, que essencialmente orienta que, "na medida do possível, de modo a minimizar os impactos no ambiente antártico e a minimizar a interferência nos valores naturais da Antártida".

Os nossos dormitórios no acampamento base eram enormes tendas em forma de cúpula que podiam acomodar, pelo menos, quatro pessoas dentro de cada uma. Podia até ficar de pé dentro delas. Sim, sou uma pessoa baixa, mas mesmo o Emmanuel, depois de refutar o meu comentário dizendo que "não se podia endireitar", também era capaz de ficar de pé. Ele disse: "Tenho que corrigir, posso endireitar-me", depois de eu própria lhe ter pedido educadamente que se levantasse no meio da tenda, e ele cinicamente aceitou. Eu tinha entrado diretamente na nossa tenda após a nossa visita ao campo base, enquanto ele tinha ido socializar (e provavelmente namoriscar). Ambos tínhamos o nosso próprio colchão de solteiro para colocarmos os nossos sacos de dormir. A tenda inteira foi colocada em cima de tábuas de contraplacado para separar o contacto direto entre a neve e o chão da tenda.

A nossa tenda de grupo, que era também o escritório e a cozinha do campo base da ALE, era aquecida. Tinha cadeiras e mesas para todos nós ficarmos acomodados, água quente à nossa disposição para chá, café, e chocolate quente. O pequeno-almoço, almoço e jantar eram aqui servidos, juntamente com uma variedade de refrigerantes, cerveja, vinho tinto e branco, bem como champanhe para celebrações e sangria para guloseimas. Isto era apenas para os clientes da ALE.

No acampamento base, havia grupos de outras empresas de expedição diferentes. Eles montaram as suas próprias tendas, incluindo a sua própria cozinha e tendas de jantar, etc.

Percebi que havia argumentos para serem apresentados por aqueles que se intitulam "puristas", mas esta era a melhor maneira de experimentar as montanhas e o verdadeiro alpinismo. O conforto e a atenção aos detalhes e permitam-me que me atreva a dizer, o toque de luxo (no reino do alpinismo) que a ALE proporciona no Vinson é incrível.

No Evereste, ninguém se queixa ao usar os serviços dos Sherpas, ou no Kilimanjaro ao utilizar carregadores. Bem, no Vinson, sou da opinião de que se deve escalar usando ALE. Por que não se pode desfrutar do escalar a montanha mais alta da Antártida com mais conforto? Não vi nenhuma razão e continuo a não ver.

Continuamos a transportar o nosso próprio equipamento pessoal para os outros dois campos. Ainda subimos a mesma corda fixa do campo baixo para o campo alto. Ainda "caminhamos" a mesma distância desde o acampamento alto até ao cume. Mas desfrutamos de um pouco mais de conforto. Conheço algumas das outras empresas de montanhismo e são maravilhosas, claro, mas estou apenas a dizer que a ALE tem a ideia certa. Eu queria escalar os 7 Picos e não vi qualquer razão para não poder usufruir, tanto quanto possível. Afinal, o "alpinismo" não é apenas o ato de escalar montanhas? Seja como for... estou a divagar.

No dia seguinte, a 28 de novembro de 2018, os nossos três guias designados, Lakpa, Seba e Tre-C dividiram a nossa equipa de nove, em três equipas de corda, selecionadas aleatoriamente. Cada equipa de corda tinha três alpinistas e um guia. Sempre que estávamos fora das áreas do acampamento, éramos amarrados em conjunto, devido à existência de fendas.

Eu, Emmanuel e Christian, um colega montanhista de França, estávamos na equipa de corda de Seba. Na equipa de Lakpa estavam David, Matt, e Nicolas, depois Tre-C tinha Jenny, o seu marido Matt e Steve (sem relação com o meu ex-marido). Esta última equipa tornou-se a equipa de corda de ligação britânica!

Praticámos a colocação dos nossos grampos. E fomos fazer uma pequena caminhada de aclimatação, treino, para nos habituarmos a ser amarrados, ao ritmo da equipa, ao tempo e, claro, assegurar que os nossos grampos estavam a funcionar bem nas nossas botas e confirmar que o sistema de colocação de roupa, de cada um, estava adequado para os próprios. Esta é uma prática comum em todas as montanhas.

No dia seguinte, soubemos que os boletins meteorológicos não eram favoráveis para os próximos dias, pelo que os nossos guias nos explicaram que continuaríamos a aclimatar-nos no acampamento base.

Contudo, para nos mantermos "preparados", recebemos uma lição sobre como montar e prender os trenós às nossas mochilas. Utilizaríamos os trenós para levar os mantimentos para o acampamento baixo. Em cada equipa de corda, apenas três trenós seriam utilizados, o que significa que a última pessoa na equipa de corda não teria um trenó.

30 de novembro de 2018, ainda estávamos no acampamento base e tínhamos a nossa comida

planeada para quando começássemos a mudar para os acampamentos baixo e alto. Tivemos de selecionar pequenos-almoços, jantares e petiscos da loja de mantimentos ALE. Todas estas eram refeições que podiam ser feitas apenas adicionando água quente. Também recebemos uma palestra de "ir à casa de banho" para os acampamentos baixos e altos.

Aí estaríamos a utilizar o método de descarga de sanitários, que utilizaríamos com a ajuda de um balde vazio para o nosso conforto de assento. Os sanitários "portáteis" eram pessoais, claro, e precisaríamos de os transportar connosco, até ao nosso regresso ao acampamento base, para que pudessem ser "embalados" com as outras "matérias" da casa de banho.

Também fizemos "artes e ofícios" e construímos uma placa VINSON a partir da neve. Este letreiro é criado uma vez em cada estação. O nosso guia principal Tre-C e eu lideramos o empreendimento desta tarefa para 2018. Alguns dos meus colegas de equipa também fizeram algum exercício a preencher o buraco da tenda "congelador" das estações anteriores. Todos os anos, quando o pessoal da ALE abre o acampamento, a localização da tenda precisa de recuar alguns metros. O buraco antigo precisa então de ser novamente preenchido com neve, e como éramos o primeiro grupo da estação, e o tempo nos mantinha preguiçosos e a saborear boa comida, precisávamos de queimar algumas calorias!

A 1 de dezembro de 2018, o tempo tornou-se promissor e os nossos guias tomaram a decisão de nos mudarmos para o campo baixo. Embalámos o nosso equipamento nas nossas mochilas e colocámos alguns mantimentos nos trenós. A proporção sugerida era de 30/70, mochilas para trenós.

O tempo de caminhada desde o acampamento base até ao acampamento baixo foi de cerca de 5-6 horas. Fizemos uma pausa de cerca de 60 a 90 minutos; prática normal de alpinismo. As pausas eram usadas para recuperar o fôlego, comer uns petiscos, beber um pouco de água e urinar.

Quando chegámos ao acampamento baixo, a área era mais rudimentar em comparação com o acampamento base, mas mais normal para escalar montanhas. Tivemos de montar as nossas próprias tendas, mas a ALE mantém as tendas armazenadas no local, pelo que não as levámos connosco para o acampamento baixo. Devido aos ventos fortes, não podem ser deixadas montadas quando não estão a ser utilizadas, como no acampamento base. As nossas tendas aqui eram as tendas padrão de três pessoas, partilhadas entre duas pessoas. O Emmanuel e eu partilhámos uma.

A tenda de cozinha era também mais básica e não aquecida como a do acampamento base, mas tinha duas áreas separadas com bancos esculpidos de neve e uma secção intermédia para cozinhar. A tenda com forma de ameijoa, de parede dupla, era bastante agradável!

Daqui podíamos ver o cume de onde as cordas começavam e chegavam tão alto como 1200 m (perto de 4000 pés), que teríamos de subir para nos mudarmos para o acampamento alto. Também podíamos ver o cume do Monte Vinson e o vento a soprar neve no topo das cordas e no cume. Tivemos de esperar por uma pausa no tempo para nos mudarmos para o acampamento alto.

Dois outros grupos estiveram também aqui, tendo-se mudado do acampamento base para o acampamento baixo connosco.

No dia seguinte, fizemos uma pequena caminhada até ao início das cordas fixas e treinámos subir a corda até cerca do terceiro ponto e depois treinámos descer.

Lembro-me de saltar por cima da minha primeira fenda de sempre. Apesar de ser pequena, só tive realmente de saltar um pequeno salto, isso tirou-me o fôlego de susto. Não sabia o que me esperava no Evereste.

No entanto, a 2 de dezembro de 2018, o tempo ainda estava mau no acampamento alto, porque também estávamos um pouco inquietos por não fazer muito, exceto comer boa comida e dormir, alguns de nós fomos fazer uma caminhada até aos picos mais próximos.

O Steve e o Seba foram por conta própria. A Tre-C e o Lakpa levaram cinco de nós para uma vista da pirâmide. Três dos nossos companheiros de equipa tinham decidido que preferiam ficar no acampamento e "relaxar".

Foi uma caminhada de 2 a 3 horas de regresso, mas a vista foi espantosa. Vimos uma Pirâmide que se destacava da neve, literalmente. A Pirâmide era a localização real do antigo acampamento base. No topo do pequeno pico a que subimos, fizemos uma pausa, comemos um lanche e tirámos fotografias. A Tre-C tinha alguns artigos de vestuário na sua mochila, o que nos deu a oportunidade de tirar fotos engraçadas! A cor púrpura era a cor de Emmanuel. Ele ficou espetacular com a peruca roxa.

A 3 de dezembro de 2018, os ventos ainda prevaleciam no topo. Descansámos, lemos, dormimos. No dia 4 de dezembro, os nossos guias reuniram a nossa equipa para se deslocarem para o acampamento alto, pois estão confiantes numa janela de dois dias de pausa prevista para o tempo. Apenas embalámos os nossos sacos-cama, garrafas de água, comida, snacks, medicamentos e as nossas camadas de roupa necessárias, nas nossas mochilas. Os nossos trenós também ficaram para trás. Desmontámos as nossas tendas. Deixámos todo o material e equipamento, que não precisamos no acampamento alto, dentro dos nossos sacos de lona, e a ALE guardou-os junto à tenda da cozinha.

Outra vantagem de escalar com ALE em Vinson, é que o grupo não tem de carregar equipamento coletivo, como combustível, tendas, ou mesmo almofadas para dormir. A ALE tem tudo isso em cada acampamento. Em cada estação, os guias e guardas-florestais da ALE, em antecipação da estação de escalada, reabastecem as provisões para cada equipa. Outras empresas têm de fazer "transportes" e "cache", o que significa que as suas equipas de alpinistas levam mantimentos para um acampamento um dia e regressam ao acampamento anterior. Depois sobem para o acampamento seguinte no dia seguinte.

A subida até ao acampamento alto incluiu uma subida de cerca de 1.200 metros, com um ângulo aproximado de 45 graus, na lateral de uma montanha, auxiliada por cordas fixas. Tivemos de utilizar os cows'tails dos nossos ascensor/descensor para nos deslocarmos sobre as cordas fixas e em segurança. Fizemos pausas, algumas apenas ao lado das rochas, mas ainda assim amarrados uns aos outros.

Achei a subida ok, com a exceção do último ponto de transferência. Eu tinha olhado para cima para ver Seba, o nosso guia, posicionando os seus pés numa parte muito estreita do terreno. O meu medo das alturas subiu imediatamente, com o meu ritmo cardíaco a ameaçar ensurdecer-me. Tentei concentrar-me, seguindo os seus passos, completamente consciente de que teria de descer. Forcei esses pensamentos a sair da minha mente e concentrei-me em continuar a ascensão. Trataria da descida noutro dia.

Quando chegámos ao acampamento alto, tanto o Wes como o Nate, dois dos guardas-florestais da ALE que tinham subido à nossa frente para "abrir" o acampamento, tinham as nossas tendas montadas e prontas para entrarmos e descansarmos, depois de removermos os nossos grampos, é claro, e nos certificarmos de que os nossos outros "afiados" estavam a uma distância segura das nossas tendas.

Fomos a equipa Vinson 1 e, portanto, o primeiro conjunto de alpinistas da época. Isto significava que ainda era preciso fazer o buraco de urina, assim como a colocação do balde "sanita".

Conseguimos admirar os arredores e a vista a partir desta altura. O jantar foi servido dentro das nossas tendas, após os nossos guias terem fervido a água para o nosso prazer de beber e para a nossa preparação de comida desidratada. Gostei da minha papa de aveia. O Emmanuel queixou-se do seu Spicy Pad Thai e repetiu-me algumas vezes como odiava refeições desidratadas; isto depois de me ter dado um discurso anteriormente que eu precisava de comer mais do que apenas papas de aveia. Mas as minhas papas de aveia pareciam muito boas, admitiu ele.

A comida desidratada que comi em Rainer fez-me sentir horrível e sei que não queria sentir-me desta forma em Vinson. A comida desidratada perturba o meu estômago. Experimentei-a várias outras vezes depois de Rainer e provei várias marcas comercialmente disponíveis. Não gostei e não gosto de nenhuma delas. E eu não ia arriscar um estômago perturbado num continente feito de neve branca! Até as barras energéticas me causam problemas. Foi por isso que só tinha escolhido papas de aveia para os pequeno-almoço e jantares e para os snacks colava-me às minhas Suzie's Good Fats Peanut Butter Chocolate Snack Bars.

Outras equipas chegaram pouco depois de nós e ocuparam-se a montar o seu próprio acampamento. Uma das equipas tinha acabado de subir para largar uma cache e depois voltaram para o acampamento baixo. Isto provou ser um erro estúpido da parte deles, pois ficaram presos em Vinson por causa do tempo. Mas essa é uma história completamente diferente que lida com egos e alpinismo.

Depois do "jantar", a Tre-C discutiu connosco o nosso plano para o dia seguinte e sugeriu que fôssemos dormir. Tínhamos esperança de irmos ao topo no dia seguinte. Tínhamos previsto apenas dois dias de bom tempo, pelo que não iríamos passar o dia seguinte a aclimatar-nos e a descansar no acampamento alto, como por vezes acontece. Honestamente, senti-me suficientemente descansada e fiquei contente com este anúncio. Eu só queria subir. Para além de sete bolhas em ambos os pés, estava bem e ansiosa por me mover.

Na manhã seguinte, teríamos um início precoce - antes das 10:00 da manhã. Assim, como de costume, puxei o meu gorro à volta·dos ouvidos e sobre os olhos para "fechar as persianas" do sol e fui dormir.

Na quarta-feira de manhã - dia de chegar ao cume - o sol estava pleno! Tinha-me habituado a que fosse dia 24 horas por dia, mas de alguma forma o sol a brilhar sobre o acampamento alto era particularmente especial.

Preparar-me para ir ao topo era o mesmo que em todas as outras subidas. Os nossos guias acordaram-nos cedo. Bem, em Vinson era 8:30 da manhã e a luz do dia brilhava, por isso não havia necessidade de lâmpadas de cabeças! Preparámo-nos, tomámos o pequeno-almoço na nossa tenda e começámos a andar.

A Tre-C tinha sugerido que puséssemos aquecedores de mãos dentro das nossas luvas, acessíveis nas nossas mochilas, prontos para serem utilizados sobre os nossos forros, à medida que faz frio no cume do Pico. Fiz como ela sugeriu.

Continuámos a nossa escalada a partir do acampamento alto, amarrados nas nossas equipas de quatro, e ganhámos mais 1000 m quando chegámos ao cume.

Ao contrário de Elbrus, onde largámos as nossas mochilas para o último empurrão da subida, aqui continuamos com as nossas mochilas e estou feliz por o termos feito, pois isso garantiu que eu tinha todas as minhas bandeiras.

Pouco antes da chegada ao cume, durante cerca de 15-20 minutos tivemos de caminhar sobre uma cordilheira fina, coberta de neve e gelo, com pedras, e algumas a soltarem-se para o caminho. Isto era assustador para mim, mas a minha excitação estava a aumentar.

Porque cada membro da equipa estava amarrado, o colega de escalada à minha frente continuava a puxar-me para a frente, sem dúvida com a sua própria ansiedade. Mas isso aumentou a minha. Fiquei surpreendida na cordilheira fina, porque foi quando descobri que tinha de usar a "auto-fala" para me lembrar de: "Continua a andar Ema! Não olhes para baixo". Eu não me assustei. Continuei a pensar que o cume do Monte Vinson estava mesmo à minha frente. Mesmo à minha frente.

E depois, estávamos lá! Quando chegámos ao cume, estava claro. Sem vento. Foi lindo!

Havia uma área maior, como um pequeno planalto. Era mais larga do que alguma vez imaginei e foi-nos permitido desprendermo-nos uns dos outros e tirar as nossas mochilas.

Fiquei eufórica. Senti-me como se estivesse no topo do mundo. Espera um segundo, eu ESTAVA no topo do mundo! Ou alguns irão dizer - no fundo do mundo! Era a Antártida!

O Lakpa Sherpa e a sua equipa de corda ainda lá estavam, pois estavam mesmo à nossa frente, e ele graciosamente tornou-se o meu fotógrafo de todas as minhas bandeiras.

O Sebastian mencionou-me que este foi o primeiro cume de sempre para ele onde alguém usava luvas tão finas, à medida que gesticulava apontando para mim apenas usando as minhas luvas de forro. Eu não precisei das minhas luvas ou aquecedores de mãos que hoje estavam dentro da minha mochila. As nossas parkas também eram acessíveis nas nossas mochilas, mas não havia necessidade delas no topo do cume neste dia em particular. Não podia acreditar que estava no cume do Monte Vinson.

O Emmanuel procurou por mim uma pequena pedra, que eu trouxe para Ethan, o meu neto. Quase me tinha esquecido, mas o Emmanuel lembrou-se por mim.

Depois era tempo de partir e regressar, para que pudéssemos dar lugar a outros alpinistas que também tentavam chegar ao cume.

Era um longo caminho de regresso ao acampamento alto e só chegámos às 20:30 horas. Estávamos cansados. Acolhi o conforto do meu saco de dormir de uma forma que não consigo descrever. Estávamos a planear começar cedo no dia seguinte, pois o tempo ameaçava mudar. Assim, na manhã seguinte, o plano era descer do acampamento alto, com uma paragem rápida no acampamento baixo, e depois prosseguir todo o caminho até ao acampamento base. Ia ser um longo dia.

No dia seguinte, não foi a caminhada na neve ou no vento, que tinha apanhado exatamente como os nossos guias ALE tinham previsto, que me perturbou ou assustou, foi a descida das linhas fixas.

O meu medo das alturas levou-me ao melhor de mim para as primeiras duas a três cordas. Tive medo quando vi uma barra de chocolate cair das mãos do bolso do nosso companheiro de escalada, o David. A barra de chocolate, que primeiro pensámos ser o seu telefone, caiu no abismo quando ele estava a espera pelas cordas fixas.

A primeira corda estava tão apertada com tensão que era difícil de prender. O Emmanuel estava a andar para trás nesta corda e tinha-me dito para andar para trás também, mas o nosso guia Sebastian disse-me para dar a volta e olhar para a frente. Ouvi o Sebastian, claro, ele era o nosso guia, mas virar num ângulo reto, num espaço tão pequeno de neve só serviu para aumentar a minha ansiedade. Sei que o Emmanuel estava apenas a tentar que eu não visse quão alto estávamos, mas a minha mente sabia!

Tive um mini ataque de pânico na segunda linha, pois precisava de me transferir de uma corda para outra, e tudo o que podia ver era os meus pés necessitarem de ser precisos no seu posicionamento, ou eu cairia. Eu sabia que estava amarrada e o nosso guia tinha a linha segura no seu nó prusik, mas também sabia que se caísse seria muito importante para mim levantar-me mentalmente, de novo. Entrei em pânico. Era difícil respirar. Senti as minhas vias respiratórias asfixiarem-me.

O Emmanuel disse-me para me concentrar e relaxar. "Respira". Disse-me que eu podia fazê-lo e que eu estava bem, que não ia cair. Foi gentil da parte dele dizer isso. Ele sabia que eu precisava de ajuda naquele momento.

Relaxei depois de algumas respirações e continuámos a descer, lentamente, linha após linha. Eu sabia que precisava de me acalmar e, pensando noutras montanhas, acreditava mais em mim própria. Consegui isto. E Jesus segurou-me!

Uma vez de volta ao acampamento de base, aguardava-nos um jantar de celebração, com três garrafas de champanhe para celebrar o nosso bem-sucedido cume no dia anterior. Bebi um copo, mas de alguma forma o álcool não tinha o mesmo sabor nas montanhas. Era uma espécie de anticlímax.

Esperávamos no dia seguinte poder voar até ao Union Glacier e apanhar o voo de regresso a Punta Arenas, para que pudéssemos voar para casa, como planeado, a 10 de dezembro. Mas o tempo não cooperou e nós esperámos. No dia seguinte foi a mesma coisa, mais espera.

Mas ao contrário de quando escalei a Pirâmide Carstensz , eu não estava doente, e a comida era espantosa. O puro silêncio e a beleza que nos rodeavam relaxou-me e encheu-me de espanto. No dia 9 de dezembro tivemos, finalmente, uma pausa no tempo e voámos de volta ao Union Glacier. Como clientes da ALE, estávamos no primeiro voo do acampamento base para o Union Glacier.

Perdemos o Ilyushin, apesar de não ter voado para Union como previsto também por causa do tempo, o seu atraso não foi suficiente para que o apanhássemos. Nessa altura, estava previsto deixarmos Union de volta para Punta Arenas no dia 12 de dezembro. Foi uma desilusão.

Quando regressámos ao Union Glacier, fizemos fila para um banho! Ahhhhh ... limpa novamente. Lembrou-me das simples bênçãos da vida. Aqui a água era neve derretida e cada um de nós tinha apenas o equivalente a um grande balde de água. Surpreendentemente, era mais do que suficiente.

Depois tivemos uma visita aos bastidores do Union Glacier. O Union Glacier é também o ponto de partida e de chegada de todo o tipo de pessoas que se lançam em diferentes tipos de aventuras. Por exemplo, conheci Richard Parks, que foi a primeira pessoa a fazer um Grand Slam, completar os 7 Picos e esquiar os Pólos Norte e Sul em menos de 1 ano. Será isso humanamente, mesmo, possível? Perguntei a mim mesma. Aparentemente sim! Ele estava a tentar bater o seu recorde a solo desde a Enseada Hércules até ao Pólo Sul, a uma distância de 1140 km. Tinha tentado fazê-lo em 25 dias, contudo, devido a doença, a sua tentativa a solo terminou prematuramente, no início do Ano Novo. Havia também um companheiro italiano pendurado, à espera do tempo perfeito para fazer paraquedismo.

Falei um pouco com o Richard durante os dois dias que esperávamos, e numa das nossas conversas ele comentou: "Coragem é como se age e se enfrenta os nossos medos e se aprende com eles".

O meu medo das alturas ainda estava presente. Precisava de aprender a controlá-lo mais. Eu estava a aprender.

Não só conheci pessoas espantosas nestas subidas, como também enfrentei coisas e cresci de formas que me surpreenderam e encantaram. Estava a tornar-me uma alpinista!

Quatro descidas; três (bem, quatro) para ir. Afinal de contas, os 7 Picos são na realidade oito!

CAPÍTULO X

ACONCÁGUA

Lembro-me de quando Emmanuel atingiu sozinho o topo do Aconcagua em 2017, pouco antes de eu ter começado a escalar. Ele atingiu o objetivo enquanto guiava o seu grupo, na sua terceira tentativa.

O meu objetivo era atingir o cume, pela primeira vez, e no fundo do meu coração queria impressionar Emmanuel. Depois da Antártida, estava de novo a escalar sozinha, mas num grupo.

A caminho da Argentina, tive alguns problemas de viagem. O voo da Air Canada em que voava, voltou para Toronto, quando já tínhamos três horas e meia de viagem. Na altura, já estávamos sobre as Bahamas. Isto fez com que a minha chegada a Penitentes, Argentina, para alcançar o meu grupo e guias fosse difícil, após mais de 24 horas de atraso. A isto se juntou a minha ligação perdida após o voo de 10 horas. O próximo voo de ligação iria atrasar-me ainda mais um dia. Foi um início stressante e frustrante.

No dia 5 de fevereiro de 2019 consegui finalmente chegar à Argentina, depois de conduzir desde Santiago do Chile e atravessar a fronteira de carro. Senti-me um pouco nervosa, pois tinha perdido a verificação do equipamento, que estava programada desde o dia anterior, em Mendonza, e claro, tinha perdido informações valiosas sobre a subida esperada, horários, e muito mais.

Estava novamente a escalar com a Alpine Ascents, e o Vern e a Carole eram os meus principais guias. O meu quarto no Hotel Ayelen, em Penitentes, era sombrio, mas talvez tenha sido intencional para nos habituarmos à tenda e à terra no Aconcagua. Funcionou!

O tapete verde na sala foi usado, incluindo debaixo do radiador, até às suas últimas fibras. A cama era apenas um colchão contra a parede sobre uma armação de metal barata. Lençóis finos. Foi um dos piores hotéis em que alguma vez fiquei.

Penitentes é uma antiga cidade estância de esqui, que agora só está aberta durante a curta temporada em que o Parque Nacional Aconcagua está aberto. Acolhe os alpinistas ou a pessoa de passagem ocasional, que possa precisar de um quarto.

Felizmente, não fiquei lá muito tempo. No dia a seguir à minha chegada, na quarta-feira, 6 de fevereiro, rumámos à entrada do Parque Nacional Aconcágua, para subir a rota normal da montanha. Parámos no escritório do guarda-florestal do parque, onde os nossos guias recolheram as nossas credenciais de autorização. Custaram $610.00 USD cada! Uau! Fomos, então, obrigados a mostrar os nossos passaportes como identificação, antes de conseguirmos entrar no parque.

A caminhada desde o início da trilha até ao Campo de Confluência demorou cerca de 3 horas. O equipamento do nosso grupo estava a ser transportado por mulas, o que neste dia em particular foi muito lento. Eu sei. Eu sei. As mulas deviam ser lentas, mas essas foram tão lentas que pareciam sedadas. Quando chegaram ao acampamento com os nossos sacos de viagem, já eram cerca das 21 horas!

Enquanto esperávamos, jantámos. Alguns de nós fomos dar uma pequena caminhada até ao topo da colina para ver todo o acampamento "de cima". Os nossos guias Vern e Carole ensinaram-nos a construir uma tenda ao estilo "Aconcagua", para que as nossas tendas tivessem a melhor hipótese de resistir aos ventos fortes e não voarem. Este treino seria muito útil! O Campo de Confluência fica a 3.421 metros.

O acampamento tinha um consultório médico, com um médico empregado pelo parque, que todos tivemos de ir consultar no dia seguinte, na quinta-feira, 7 de fevereiro, para obter a "luz verde" para subir a montanha até ao acampamento de base na sexta-feira, 8 de fevereiro. Esta seria uma das duas visitas ao médico do parque. As autoridades do parque queriam garantir que os alpinistas não estavam a sofrer de doenças relacionadas com a altitude, o que reduziria os resgates de emergência.

As nossas tendas para esta expedição eram tendas para três pessoas, mas na realidade só serviam para duas pessoas e a ocupar espaços muito próximos. A minha companheira de tenda era Jenny, uma jovem senhora de Chicago, com idade à volta dos 20 anos.

Na quinta-feira, 7 de fevereiro, fizemos uma caminhada de aclimatização de sete horas em direção ao Campo Francia, para uma vista da face sul da montanha. As cores de todas as faces das rochas no nosso caminho para lá eram espetaculares!

Primeiro estava quente, e depois ficou muito vento e muito mais frio quando chegámos a cerca de 14.000 pés, ou cerca de 4.000 metros.

Sexta-feira, 8 de fevereiro, seguimos para o acampamento base de Plaza de Las Mulas para o percurso normal. Levou-nos "oito horas mais uma", como disse Vern. Durante um longo período de tempo, caminhámos em terreno plano e depois, lentamente, ganhámos altitude. As mulas transportaram o nosso equipamento de grupo. Lentamente.

O que posso dizer sobre a Plaza de Las Mulas? É uma cidade de tendas num planalto de montanha. Tivemos de selecionar o nosso parque de campismo e construir a nossa tenda, mas isso é TUDO o que era interessante.

Os empreiteiros locais das subidas alpinas eram os Aconcagua Mountain Guides, uma subsidiária das Alpine Ascents. Inca, outro fornecedor no acampamento, era claramente o fornecedor proeminente no local. As suas tendas e instalações encontravam-se à entrada do acampamento. Não pude deixar de notar que eram mais brilhantes e pareciam novas. Acho que ainda estava mimada graças à Antártida e o Vinson.

O nosso acampamento ficava no extremo oposto do acampamento de base e tinha os seus próprios benefícios. Estava mais perto do trilho para subir a montanha. Afinal de contas, era esse o objetivo, subir a montanha. Além disso, era mais silencioso.

Foi um dia longo. Pessoalmente não consegui obter serviço de telemóvel, apesar de muitas pessoas parecerem ter conseguido. No entanto, consegui comprar Wi-Fi para os dias em que lá estivemos, por isso pude falar com o meu marido Steve, as minhas filhas Nicole e Patricia e, claro, os meus netos Ethan e Júlia. Senti-me sempre tão só nestas subidas. O Aconcagua provou não ser diferente.

No dia 9 de fevereiro, experimentámos os nossos grampos, e praticámos o seu uso na neve suja. Depois, fomos fazer uma curta caminhada de 90 minutos, sobre muitas rochas, até ao gelo que saía da montanha como pingentes de gelo. Estes foram chamados de penitentes. Havia muito frio. Nunca percebi como é que tanta sujidade podia estar no topo de um glaciar real! Era a principal razão de ali ser tudo tão poeirento e até um pouco nojento.

Este passeio foi seguido por uma reunião de grupo, para discutir o plano de jogo para os dias seguintes. A aclimatização é uma parte importante da escalada, especialmente a esta altura, para ter a melhor hipótese de sucesso, por isso decidimos fazer uma viagem até ao Campo Canadá no dia seguinte. Também faríamos o mesmo um dia depois.

Como mencionado num capítulo anterior, o "carry up" é feito para transportar uma pequena quantidade de mantimentos para um campo mais alto e deixá-los lá para serem utilizados quando nos deslocamos para esse campo. Este exercício serve para aclimatar e também para diminuir o peso do transporte dos mantimentos necessários, nas nossas mochilas.

Os carregadores estavam agora disponíveis na montanha e eu tirei partido deles. O Seba em Vinson tinha-o sugerido. Como resultado, não fiz um "transporte" de equipamento ou material de grupo. Pude simplesmente desfrutar da aclimatação, carregando apenas a minha mochila de dia. Os carregadores carregariam a minha parte do equipamento de grupo e os meus mantimentos pessoais no dia do "movimento". O plano era fazer o mesmo no dia seguinte e depois subir no dia a seguir. A teoria era de novo escalar alto, dormir baixo.

No segundo dia de "transporte", os ventos estavam extremamente altos e fomos atingidos por uma tempestade de neve. A neve era basicamente pequenas bolinhas de gelo redondas, não lindos flocos de neve. Isto era desafiante e difícil.

Foi-nos oferecido um duche gratuito porque as mulas tinham chegado atrasadas quando chegámos a Confluência, há alguns dias, no acampamento anterior. Todos aproveitámos aqui no acampamento de base, embora a palavra "duche" tenha sido usada vagamente. A água estava fria! E só serviu para enxaguar o pó. Infelizmente, ninguém nos disse que se podia simplesmente mover apenas um pouco a alavanca para obter água quente! Teria sido bom ter tido essa informação antes do meu duche.

O dia 12 de fevereiro foi um dia de descanso. Não fizemos nada. Apenas comemos e ficámos nas nossas tendas, na verdade. Bastante aborrecido. Uma das outras colegas de equipa (mulher) foi dar um mergulho num lago nas proximidades, aparentemente pouco profundo. Eu passei. No dia 13 de fevereiro, mudámo-nos para o Campo Canadá. Fica a 4947 metros, sobre uma colina. Se se der um passo em falso, podemos cair, mas a vista era espantosa. "Ahhhhhh" tinha dois significados!

O carregador que me foi designado levou tudo, eu apenas mantive o meu equipamento de emergência na minha mochila, uma garrafa de água e os meus documentos pessoais como passaporte, seguro e dinheiro. Foi ótimo.

No Campo Canadá, o resto do grupo tinha optado por utilizar os serviços dos carregadores para montar as nossas tendas. Era muito mais fácil chegar ao acampamento e ter um lugar para ficar confortável, abrigado do frio e do vento.

O meu companheiro de tenda e eu continuámos a ter uma tenda que tinha algo de errado com ela. Ugh. As tendas eram NorthFace e espaçosas, mas estavam tão usadas que simplesmente não se aguentavam. Desta vez ficámos presos por causa do fecho de correr da porta, que estava estragado, por isso tivemos literalmente de rastejar para dentro e para fora da nossa tenda.

No dia 14 de fevereiro, fizemos uma viagem ao que seria o nosso segundo acampamento, Nido de Condores. Foi uma caminhada de 3 horas. Era um acampamento enorme, vistas incríveis de 360 graus! Havia picos montanhosos e um céu vasto até onde a vista alcançava. Espetacular! Havia também um posto de guardas-florestais e um heliporto.

Voltar ao Campo Canadá demorou apenas uma hora nesse dia.

Uma das nossas companheiras de equipa, a Sequoia, tinha-se queixado de uma dor de cabeça e Diego, um dos nossos guias, desceu a montanha com ela até ao Campo Canadá. O resto de nós seguiu-a. Os meus pés estavam a suar com as meias que eu tinha escolhido e fiquei com duas bolhas. No entanto, não havia muito de que nos queixarmos do grande esquema.

Quando regressámos ao Campo Canadá, mal havia espaço para caminhar entre tendas. Havia tendas por todo o lado à nossa volta. Parece que toda a gente no acampamento de base estava a subir. Havia alpinistas às dúzias.

A Sequoia, no entanto, ainda não se sentia bem. Ela ainda estava a relatar dores de cabeça e Carole acompanhou-a até acampamento de base para consultar o médico, que a diagnosticou com doença de altitude. Ela não estava autorizada a continuar a subir.

O plano para o resto do grupo era continuar a nossa escalada. A 15 de fevereiro, no dia seguinte ao Dia dos Namorados, mudámo-nos para Nido de Condores, que se situa a 5560 metros. Deste ponto de vista, parecia que estávamos mais altos do que todas as montanhas à nossa volta.

Durante o acampamento, um grupo desceu com uma pessoa numa maca. Não tirei nenhuma fotografia; pareceu-me de mau gosto fazê-lo, apesar de muitos outros alpinistas o terem feito. A pessoa estava claramente em perigo e muito doente.

Momentos depois, o helicóptero amarelo de resgate sobrevoou-nos, aterrou e levou o indivíduo embora. Parecia gravemente doente. Mais tarde soubemos que a pessoa tinha adoecido no dia anterior às 19:00 horas, logo abaixo do cume, e só então estava a ser resgatada por volta das 15:00 horas. Ele teve de ser transportado a pé. O meu coração ficou com ele.

Durante a nossa primeira noite neste acampamento, Nido de Condores, acordei a sufocar. Com falta de ar. Estava a tomar Diamox, mas não conseguia respirar. Tive muita dificuldade em dormir, pela primeira vez, numa montanha. Estávamos muito altos a 5522 metros, cerca de 18,117 pés, em altitude e estava frio. Quando acordei por volta da 1:45 da manhã, não conseguia respirar. Estava ofegante. Fiz xixi na minha garrafa de urina e bebi uma bebida quente da minha garrafa térmica para me tentar aguentar. Voltei a deitar-me e ainda não conseguia respirar. O meu nariz estava entupido e não conseguia respirar. Comecei a respirar sob pressão, e isso ajudou, mas ainda não conseguia apanhar ar suficiente. Depois pus a minha máscara ColdAvenger e tomei mais um quarto do meu comprimido Diamox. Depois de um bocadinho, finalmente pude sentir algum alívio. Foi a experiência mais assustadora que tive até agora. Não compreendi o que se estava a passar. Pensei mesmo que podia sufocar.

Mais tarde, de manhã, fiquei surpreendida ao receber uma mensagem de texto de Emmanuel, que simplesmente dizia: "Como é que dormiste?". As lágrimas encheram-me os olhos enquanto eu respondia. "Ok, mas acordei sentindo que não conseguia respirar. Quer dizer, não conseguia mesmo respirar. Tomei mais Diamox".

Emmanuel tranquilizou-me quando disse: "É normal. Estás em grande altitude. É apneia do sono. Tenta dormir mais direita; põe toda a tua roupa debaixo do teu colchão para dormires mais direita".

"Ok", respondi, mas senti-me emocionada e assustada ao lembrar-me como tinha estado com tanta falta de ar na noite anterior. Senti-me tão só.

"É a altitude. Estás a ir muito bem! E vais ficar bem", respondeu ele. Era um homem de poucas palavras, mas mesmo assim surpreendeu-me que soubesse como me poderia estar a sentir. Acho que o facto de ele próprio ter lá estado, várias vezes, ajudou. Ele estava a seguir a minha escalada, claro, e sabia por experiência própria o que eu poderia estar a sentir. Fiquei muito grata pela sua mensagem e conselhos e por ele se ter preocupado.

Quando eu partilhei com o Steve a minha provação, ele desdenhou. Senti-me tão só. Agarrei-me à mensagem de Emmanuel durante os dois dias seguintes, para que me sentisse acarinhada e que havia quem se importasse comigo.

A 16 de fevereiro acordámos frios, quer dizer frios/gelados. Continuaria assim até o sol atingir a montanha e aquecer a tenda. Lamentei não ter trazido o meu outro saco de dormir comigo. O plano para hoje tinha sido fazer um transporte em grupo para o 3º e último acampamento, Campo Colera. Era alto. Atingiríamos uma altitude de 19,580 pés, cerca de 5,970m e planeávamos mudar-nos para lá amanhã.

Fiquei muito fria nas primeiras horas da manhã e por isso vesti o meu casaco vermelho de Canada Goose. Também usei a máscara ColdAvenger sobre o meu rosto para poder respirar mais facilmente. O ar lá é tão seco que parecia um deserto, mas um deserto frio. De alguma forma, parecia mais frio do que a Antártida. Fizemos a mudança para o Campo Colera, ou Campo 3, no dia seguinte, como planeado.

Tinha sido um longo caminho para cima. Um dos nossos companheiros de equipa tinha diarreia e estava realmente lento e cansado. O Campo Colera recebeu o nome dos guias porque as pessoas vomitavam e faziam muito cocó lá. Um facto feio, mas verdadeiro.

Este acampamento ficava num enclave de uma enorme rocha, com vista para a Cimeira do Aconcagua. Normalmente, as pessoas ficam aqui não mais do que duas noites, mas parecia que passaríamos três no total. Planeámos ter um dia de descanso e depois tentar a atingir o Pico na terça-feira, 19 de fevereiro.

Decidi deitar-me na minha parka dentro do meu saco de dormir. Que enorme diferença no calor que fez!

No início da manhã do nosso dia de descanso de 18 de fevereiro, ouvimos outro grupo levantar-se para a sua tentativa de subida. Eram um pouco barulhentos. Um par de horas mais tarde, ouvi um guia trazer de volta uma das suas clientes femininas que tinha voltado para trás. Só podia imaginar o seu desapontamento.

A 19 de fevereiro, começámos a nossa tentativa de subida às 6:00 da manhã. Estava um frio de rachar, mas estávamos prontos. Lynn, um dos nossos colegas de equipa que tinha 70 anos (um exemplo perfeito de que a idade é apenas relativa ao que se sente), também estava pronto e começámos a nossa subida. Depois só ouvi falar qualquer coisa sobre óculos de sol e depois ele já não subia connosco. Fiquei confusa, mas continuei a andar.

Subimos lentamente, e demorámos cerca de nove horas e meia a chegar ao topo. Os últimos trinta minutos foram difíceis. A cada passo que dava, parecia mais difícil respirar.

Estava a soprar as minhas bochechas (como um esquilo, como o Vern nos tinha ensinado) e a exalar. Estava também a endireitar o meu corpo em combinação com o meu passo de descanso, para permitir que mais ar enchesse os meus pulmões. Mas ainda fazia muito esforço. Vern subia à minha frente e disse: "Podes fazer isto Ema. Estamos quase lá".

Eu simplesmente respondi: "Estas rochas são duras; há tantas rochas".

Vern responde num tom de voz muito parecido com o de Vern: "Não me digas, estás a escalar uma montanha!" Isso fez-me rir.

Tinha lido que, para chegar ao topo, tínhamos de passar pela "La Canaleta", que é uma escalada de rochas. Penso que isso seria verdade se pudéssemos realmente subir as rochas, mas como havia neve suficiente para usar os grampos em certas secções, não tenho a certeza de que isso seja qualificado como uma escalada.

Na base da chamada "La Canaleta", havia uma parede rochosa de base côncava com a forma de uma caverna, "La Cueva". Aqui estávamos a 6650 metros, ou 21.817 pés.

Chegámos ao Pico no dia 19 de fevereiro, às 15:40 horas, hora local.

Estava vento no cume, e no meu primeiro par de fotografias, a minha bandeira estava de cabeça para baixo. Depois corrigi-a, mas o vento tornou a fotografia difícil. O Vern ofereceu-se para segurar a bandeira numa das esquinas. Funcionou - mais ou menos.

Depois estava na altura de descer, sem mais, nem menos. Todo aquele esforço e tensão e acabou em poucos minutos. Mas eu fi-lo.

Consegui.

Foi um longo caminho para baixo. Levou-nos cerca de cinco horas. Estava tão cansada, que continuava a escorregar e a cair de costas. Há uma cordilheira logo após o Refúgio Independência que é considerado o refúgio mais alto do mundo. É preciso atravessar a cordilheira para chegar à secção La Canaleta antes do cume, e depois voltar no regresso.

O vento é geralmente muito forte nesta zona, uma vez que está exposta. Um deslize aqui pode significar uma queda de milhares de metros pela face da montanha. É onde muitas expedições voltam para trás no caminho para o cume, quando o tempo está mau. Disseram-nos isto há pouco quando Carole nos tinha mostrado como devemos subir e preparar-nos neste ponto, no dia do atingir do topo. Felizmente, tivemos um bom tempo. Quase nenhum vento nesta secção nesse dia. Inusitado. Eu sabia que Jesus me tinha segurado. Tinha implorado a Jesus, durante horas, que não houvesse vento.

Cerca de uma hora depois da nossa descida comecei a ver o que pensava ser uma mosca, ou uma aranha voadora, do lado direito do meu olho. Como estava a usar os meus óculos, pensei que havia insetos lá fora, uma vez que o sol também começava a pôr-se. Mas o local deste 'inseto' era na realidade algo que eu só via no meu olho direito. Continuei a ver o 'inseto' até ao dia depois de termos deixado a montanha. Segundo a minha filha Nicole, uma enfermeira praticante, o que eu estava a ver eram "boias flutuantes". Sinto-me afortunada por terem desaparecido desde então.

No dia seguinte, fizemos a nossa descida do campo 3 até ao acampamento de base. Foi um longo dia. Quando chegámos ao acampamento de base, fomos tratados a hambúrgueres. Comi um hambúrguer vegetariano. A equipa partilhou uma garrafa de champanhe, cortesia das Alpine Ascents, e dos nossos generosos guias Vern, Carole e Diego. Foi uma celebração muito necessária!

Alguns dos nossos colegas de equipa, incluindo o nosso amigo Canuck, beberam algumas cervejas a mais. Eu já não tinha interesse em beber a grande altitude e surpreendeu-me como alguns poderiam ter. Mas isso sou eu e todos somos diferentes.

A 21 de fevereiro, fizemos a longa caminhada desde o acampamento de base até à saída do parque. Esta foi uma experiência maravilhosa, em si mesma, porque quantas vezes se pode dizer que caminhámos no leito de um rio?

Depois de sairmos do parque, recolhemos as nossas coisas do armazém, e continuámos de autocarro de volta para Mendoza. Nessa noite, tomei o meu "primeiro" duche em três semanas. Nunca tinha estado tão suja na minha vida!

Deixo os meus maiores elogios ao pessoal da Hyatt que me fez o check-in e nunca mostrou qualquer expressão sobre o quão suja estava a minha cara. Chocou-me quando me olhei no espelho da casa de banho. Não tinha olhado para a minha cara no espelho enquanto estava na montanha, por isso foi um pouco de choque!

De volta à higiene. De volta à limpeza. Estava a ir para casa! Tinha completado o Aconcagua na minha primeira tentativa.

Apenas mais dois (bem 3) Picos (8) para a Saúde Mental.

CAPÍTULO XI

DENALI

No dia 28 de junho 2019, escalei a montanha mais alta da América do Norte e tornei-me a primeira mulher portuguesa a fazê-lo. A primeira mulher luso-canadiana a fazê-lo.

Estive no cume durante cerca de 20 minutos e, muito embora possa não parecer grande coisa, foi muito tempo.

Costumava ficar assustada ao pensar no monte Denali. Talvez tenha sido o curso de preparação para o Denali que fizera em julho de 2017 que me assustou. As memórias de três costelas partidas cinco semanas antes e de carregar uma mochila de 80 L carregada com mais de 27 kg de coisas pelo Monte Rainier acima deixara-me assustada. Ainda tinha presentes as memórias de como me senti a escalar com a equipa constituída só por mulheres e isso fez-me duvidar. Adicionava-se a isto tudo a minha memória da Antártida, no Maciço Vinson, a descer a corda fixa onde fiquei paralisada com o medo de cair logo nas primeiras ancoragens. Lembrei-me do meu amigo Emmanuel a dizer que se tive medo ali, nunca escalaria o Denali. O Denali assustava-me.

O Monte Denali é a maior montanha, além do Evereste. No entanto, desde o sopé, tem realmente um maior ganho de altitude do que escalar o próprio Evereste, cujo campo base já fica aproximadamente a 17,598 pés, ou 5364m.

O Denali, ou Monte McKinley, no Alasca, é também conhecido pelo mau tempo.

A nossa autorização para escalar, ou seja, para estar no Parque Nacional, era de vinte e dois dias, o que nos permitia ficar quinze dias dentro do parque para podermos escalar com condições perfeitas e sete dias extra para assistência.

A taxa de sucesso de alcance do cume é normalmente de 50%, mas no ano de 2019 aumentou para aproximadamente 61%.

Escalei, cheguei ao cume e doze dias após entrar no parque já estava cá fora.

Não, não foi fácil. Mas também não era o monstro de sete cabeças que imaginava e sobre o qual tinha lido nas contas de outros alpinistas ou até visto em vídeos do YouTube.

Ninguém perdeu dedos dos pés devido queimaduras do frio e nenhuma de nós caiu numa das fendas em que estivemos penduradas durante várias horas.

Escalar o Denali foi, no entanto, o desafio físico e mental mais difícil de toda a minha vida. Exigiu muita autoperseverança, orações e pedidos de ajuda a Jesus, mas também uma firme determinação de que queria concluir esta subida e não voltar lá para tentar novamente.

A minha viagem começou em Anchorage, no Alasca. Escalei o Denali com a Mountain Trip numa expedição privada.

Cheguei a Anchorage à noite e dei entrada no hotel. Cheguei com o coração muito pesado. A minha sogra Bonnie já estava muito frágil e quase sem conseguir reagir e foi levada para um lar de idosos para a família se despedir. Eu não estava lá. Sentia que devia estar, que precisava de estar, mas quando estava prestes a entrar no voo para Anchorage, após a escala nos Estados Unidos, perguntei ao Steve pelo telefone se deveria sair dali e voltar para casa.

"Não sejas parva!" - foi a resposta dele. Nunca soube se era apoio para que continuasse ou se não me queria ao pé dele para o apoiar.

A Bonnie faleceu na segunda-feira, dia 17 de junho, no segundo dia desta minha viagem.

Sentia-me tão confusa. Culpada. Estava casada há mais de vinte anos e, contudo, isto fez com que me apercebesse de que não era necessária nem desejada no meu casamento. Sei que, naquele momento, estava mais forte pessoalmente, mas ainda amava o Steve, mesmo após todas as traições e mentiras. Teria ido imediatamente para casa ao funeral se me tivesse pedido. Não o fez.

Na manhã seguinte, conheci os meus três guias; a Kaylee, o Jason e o Ryan, e inspecionámos o meu equipamento. Sentia-me um pouco doente porque tinha comido tacos vegetarianos no restaurante do hotel na tarde anterior e não me tinham caído bem. A meio da noite, consegui vomitar e comecei a hidratar-me. Não podia ficar doente no meu primeiro dia! Estava no Denali e já sentia muita pressão com isso.

Na terça-feira, dia 18 de junho de 2019, viajámos para o campo base. Para lá chegarmos, fomos de carro durante aproximadamente duas ou três horas, de Anchorage até Talkheeta, e apanhámos depois o Táxi Aéreo num voo curto de vinte minutos sobre cenários deslumbrantes.

Assim que aterrámos no campo base, retirámos todos os nossos equipamentos da pista e montámos o nosso primeiro "campo".

A Kaylee deu-me a minha primeira lição, com o Jason ao lado a aprovar tudo e a dar mais sugestões, sobre como montar a tenda no nosso primeiro "campo".

Enquanto saboreávamos o jantar, sentados na neve, estava maravilhada com a quantidade de neve. Respirei fundo algumas vezes e, em silêncio, rezei a Deus para que me guiasse e me apoiasse porque estava assustada com o que tinha pela frente. De vez em quando ouvíamos avalanches à distância. Sentia um friozinho na barriga pois as histórias e os vídeos que tinha visto no YouTube sobre a escalada do Denali deixavam-me muito preocupada.

Sentia também muita ansiedade. Queria, precisava de chegar ao cume para ser a primeira mulher luso-canadiana a chegar ao cume do Denali. Lembrava-me de que era o Denali. Estava na "primeira divisão" das montanhas. Nunca imaginei, nem em sonhos, que lá chegaria. Mas cheguei. Ali estava eu.

Depois de montarmos as tendas, retirámos alguns dos mantimentos para dormir, uma vez que íamos andar à noite quando a neve estivesse mais fria e mais compacta. Estava mole naquele momento.

Começou então a nevar.

Algumas horas depois, nasceu um novo dia. Acordámos cedo, às duas da manhã, e preparámo-nos para começar a caminhar. A Kaylee parecia um tornado! Em poucos segundos, já tinha o saco-cama na mochila e estava preparada para sair. Durante esse tempo todo, eu tentava enfiar o meu saco-cama mamute da Western Mountaineering na bolsa de compressão. Saí para a rua e ela já tinha o arnês posto.

Era suposto ser uma guia no treino, escalar como terceira guia privada e facilitar a escalada, mas fiquei surpresa e muito impressionada. Que rapidez!

Estava um pouco abalada quanto ao ritmo rápido de tudo aquilo. Sentia-me agitada. Precisava de ir à casa de banho e alguém tinha o balde verde. Esperei.

Deixem-me explicar o balde verde. Compramo-lo em Talkeetna aos guardas florestais e esta é a nossa casa de banho para evacuarmos enquanto estamos na montanha. Temos de trazer o balde de volta, com todo o conteúdo, depois de sairmos da montanha. Temos de tentar não urinar no balde porque a urina congela e torna-se gelo. Se isso acontecer, temos de carregar "blocos de gelo" pesados ao subir e descer a montanha.

Quando finalmente saímos, puxar o trenó não era assim tão complicado. Dormir por cima de uma fissura (fenda) que estaria mais larga ao regressarmos, contudo, era algo inquietante.

Só de ver uma, o meu coração começava a bater tão depressa, tão ansiosamente que por vezes pensei que ia parar e morrer. Mais tarde, no Evereste, ia ser ainda pior, mas agora estava no Denali.

Chegámos ao campo um em seis horas e trinta minutos. O Jason, o nosso guia principal, disse que era um tempo bom. Fiquei contente. Eram oito e meia da manhã, hora local.

Depois de montarmos as tendas, nada mais havia a fazer a não ser deitarmo-nos e tentar dormir ou apenas descansar. Aqueles momentos de descanso forçado são a parte da escalada que não é assim tão fácil quanto parece. Enviei uma mensagem ao Steve e às minhas filhas e senti-me melhor.

O Steve estava a preparar o funeral e, uma vez mais, assolou-me uma onda de culpa. As nossas conversas não tinham emoção. Uma parte de mim desejava lá estar para ajudar, mas sabia que não ia conseguir em termos de preparativos. Parecia que tinham tudo planeado, muito embora todos dissessem que o Steve parecia zangado e chateado naquela altura. Sabia que era normal naquelas circunstâncias difíceis.

De repente, o sol apareceu e ofereceu-nos uma vista maravilhosa do Denali. Ficava admirada com o quão impressionante e majestosa era a montanha. Era gigante! O Denali era uma criação maravilhosa de Deus.

Depois, uma nuvem tapou o sol e a temperatura desceu consideravelmente. Acontecia o mesmo em todas as montanhas. Passávamos facilmente de uma temperatura quente maravilhosa para o frio numa questão de minutos, que por vezes até pareciam segundos.

À medida que escalávamos, não havia muito mais a fazer a não ser contar números de cabeça e pensar. Aqui, a vida parecia surreal, fácil. Mas no fundo de mim, havia uma ligeira tensão que me corroía, tinha saudades da minha família e da minha vida em casa.

O silêncio e a solidão de escalar montanhas trouxeram-me muitos sentimentos. Tinha saudades da minha família e do Steve. Também fez com que me apercebesse de que precisava de mudar a minha vida se quisesse voltar a respirar, a sentir-me novamente humana.

Escalar qualquer montanha coloca-nos num estado de desconforto: com calor, com frio, sozinhos, cansados e, por vezes, com fome. Leva a nossa capacidade física ao limite. Entramos em modo de sobrevivência. Mas achei que cada passo também me fortaleceu. A nível emocional e, lentamente, físico.

Estava ali para escalar a montanha mais alta do hemisfério norte. Precisava de me concentrar. O plano era seguir para o campo dois no dia seguinte, saindo à mesma hora, por volta das duas da manhã.

No entanto, não fomos para o campo dois. Acordámos conforme planeado às duas da manhã e a Kaylee disse-nos que tinha passado mal a noite e tinha vomitado algumas vezes. Não a ouvi, ainda que partilhássemos a mesma tenda.

Soube instintivamente que tinha sido do nosso jantar da véspera. Era uma salada já preparada que tínhamos comprado na nossa última paragem para mantimentos ao chegarmos a Talkeetna que tinha maionese. Eu não tinha comido a minha.

A Kaylee disse que tínhamos de ir devagar, o que me pareceu bem. Quando disse aos colegas, foi tomada a decisão de ficarmos onde estávamos e de a deixarmos dormir até se sentir melhor. Chegar a um campo mais elevado não estando bem iria fazer com que ficasse esgotada, limitando a sua capacidade para se acostumar ao clima e sentir-se suficientemente forte para chegar ao cume. Se isso acontecesse, teríamos de voltar para trás.

Não gostei de ficar ali à espera sem fazer nada, mas nada podíamos fazer. Tinha confiança em Jesus e nos Seus motivos.

Contei às minhas filhas e ao Steve, muito embora ele estivesse muito ocupado, o que se estava a passar. Era o velório da mãe e sabia que isso ia ser difícil para ele. O funeral foi no dia seguinte. Alguns meses depois, contou-me que não se sentiu sentimental durante todo este processo e tentou convencer-me de que tinha alexitimia (uma dificuldade em sentir emoções) numa das nossas discussões.

Obriguei-me a ficar concentrada na montanha. Quando apareceu o sol, ficou calor. Sol e neve era como sol e areia. Aprendi a usar o painel solar e compreendi que, como tinha uma bateria integrada, não podia apanhar muito calor, tinha de ter cuidado.

Vi depois um rosto familiar, o Sebastian (Seba), o meu guia da Antártida. Ele e a cliente, a Aparna, uma senhora da índia que estava a tentar escalar o Denali pela terceira vez, chegaram ao campo. A Aparna tinha andado por todas as montanhas, incluindo o Evereste, e tinha feito o lado Norte. Fiquei inspirada.

Era o meu quinto dia oficial. A parte da escalada desse dia pareceu-me extremamente longa. Não sei porquê. Foi um dia longo. Começámos por acordar à uma da manhã, mas na verdade tinha-me levantado um pouco mais cedo. Os dias e as noites esticavam e encolhiam. Era difícil.

Arrumámos tudo. As mochilas e os trenós ficaram carregados cerca de duas horas depois e começámos a subir para o campo 2.

Algumas equipas levam caches até cerca dos 3,358 metros e voltam ao campo um, depois no dia seguinte sobem ao campo dois com menos carga. Subimos com a nossa carga completa e, honestamente, fiquei feliz porque após termos escalado a colina íngreme entre o campo um e o campo dois, uma vez bastava.

O campo dois em Denali fica num pequeno planalto. Não podíamos andar para muito longe porque há ali uma enorme fenda (uma fissura). Ali estava mais frio, mesmo com o sol a brilhar intensamente. Mas era muito bonito! Estamos rodeados por picos mais pequenos com o próprio Denali a impor-se num canto. É uma vista de cortar a respiração.
O branco da neve e o azul do céu tornavam tudo ainda mais mágico.

No dia seguinte, o Ryan, o nosso guia assistente, e a Kaylee subiram para o campo 14, que é como toda a gente lhe chama, mas que na verdade é o campo 3. Levaram uma cache, que aliás se deveria chamar esconderijo. Guarda alguns dos nossos mantimentos e mantém-nos "escondidos" para não termos de os levar todos de uma só vez. Pensei que tinha de ir também, mas só foram a Kaylee e o Ryan. Fiquei para trás para rever algumas competências com o Jason, o meu guia principal.

Depois do pequeno-almoço, pus os meus crampons e arneses, peguei no meu machado do gelo e revimos alguns princípios básicos, incluindo como colocar os pés nos crampons, como parar devidamente no gelo, como agarrar o machado do gelo e ficámos por ali. Repetir as competências básicas, mas necessárias, acalmou-me. Muitas das pessoas que ali estavam, tentavam escalar o Denali pela segunda e terceira vez. Esperava mesmo conseguir fazê-lo! Rezava a Jesus em silêncio, mas precisava de rezar em voz alta e suplicar-Lhe pelo Seu amparo e por tempo bom!

No dia 25 de junho, o dia da expedição, estávamos no campo a ou seja cerca de 4,267 metros. O tempo estava bom, mas muito mais frio. Tínhamos ido para lá no domingo. Foi aí que o meu inReach congelou. Tive um ataque de pânico porque já não podia comunicar com as minhas filhas nem com o Steve. Sentia-me perdida, aquela sensação que temos quando não encontramos o telemóvel.

Foi difícil. Foi um esforço enorme pela "motorcycle hill" (colina da mota) acima, depois pela "squirrel hill" (colina do esquilo) e, na "windy corner" (esquina ventosa), tivemos de colocar os capacetes. O meu capacete tende a ficar de lado, mas desta vez não ficou. Obrigada, Senhor!

Se quiserem saber o que significam todos aqueles nomes de colinas ou quem lhes deu os nomes, não sei a resposta. Perguntei a algumas pessoas e ninguém parecia realmente saber. Não há realmente motas nem esquilos ali em cima!

De qualquer forma, na "esquina ventosa" (este nome consigo perceber), o Jason disse que não podíamos parar de todo porque estava sempre vento. Havia uma pequena borda na neve para andar, mas quase não pensei nisso. Não havia vento. Nada. E não era habitual. Porquê? Bem, a minha teoria, claro, é que Jesus caminhava ao meu lado a segurar-me a mão, a guiar-me e a cuidar do tempo. Tal como o fizera em Aconcagua, no início da crista conhecida por Portezuelo del Viento, em direção a Canelata. Obrigada, Jesus!

À semelhança da Carole em Aconcagua, o Jason também comentou que naquele momento estavam muito bom tempo.

Finalmente chegámos ao campo 3, ou deverei dizer, Campo 14. Estava nublado e as nuvens continuavam a deslizar por baixo de nós. Estar àquela altura com nuvens a passar por nós é uma experiência indescritível. É como estar num anúncio do queijo creme Philadelphia, aquele que tem um anjo em cima de uma nuvem.

Para minha grande surpresa, vi aqui a senhora tailandesa que vi em Vinson. Estava a escalar com outra equipa da Mountain Trip. Era só ela e um alpinista alemão. É realmente um mundo pequeno. Sei que desta vez me disse como se chamava, quando falámos, mas lamentavelmente não me recordo. Em Vinson, tinha escalado com a Adventure Consultants e um senhor tailandês mais velho, que soube depois no Denali não ser pai dela, mas apenas outro alpinista.

Fiquei feliz por ter feito uma viagem privada, uma vez que os outros grupos ficavam em tendas. No grupo que começou ao mesmo tempo que nós, o grupo da Kristen, homens e mulheres partilhavam as tendas e ainda não sei muito bem se concordo com isso. Acho que não me sentiria bem em partilhar uma tenda com um estranho do sexo oposto, mas olhando agora para trás, talvez tivesse mais a ver com a minha própria confiança e autoestima. Além disso, acho que o Steve estava dentro da minha cabeça a projetar alguns desses sentimentos em mim.

A bateria do inReach morreu completamente a dada altura, mas tinha conseguido reiniciá-lo e carregá-lo. Tinha suplicado a Jesus na minha subida durante algumas horas, tanto que acho que se fartou de mim e acabou por ceder. Deus é realmente um pai paciente.

No dia seguinte, trouxemos a cache para baixo depois da windy corner e voltámos ao campo. Tivemos então um dia de descanso. Foi bom poder mudar de roupa e passar a manhã a relaxar. Aprendi que relaxar faz parte da aclimatização. É uma importante lição de vida do alpinismo.

No dia 26 de junho, no nosso décimo dia da expedição, escalámos do nosso campo a 14.000 para 17.000 pés. Campo Alto. Decidimos continuar a subir e não ficar o número habitual de dias no 14, porque nos sentíamos todos bem, estávamos aclimatados e o Jason tinha visto como ia ficar o tempo dentro de alguns dias. Continuámos então.

Não posso mentir... foi difícil. Surpreendentemente, as cordas fixas eram o mais fácil, mas havia bocados altos e secções para caminhar muito estreitas ao longo das cristas.

Felizmente, senti o apoio de Jesus ao longo da escalada. O meu guia principal, o Jason, tinha uma corda próxima de mim e pô-la ainda mais próxima em secções mais expostas para me ajudar. Abençoado seja. Fez toda a diferença do mundo com a minha ansiedade. Já vos disse que tenho medo de alturas?

Para vos dar uma ideia da sensação, é algo assim: o meu coração começa a ficar acelerado, tão acelerado que é como se ouvisse o sangue a entrar e a sair de dentro dele. Sinto-o contra o peito. Fico com dificuldade em respirar, os meus pensamentos tornam-se negativos e o meu corpo começa a ficar paralisado.

No entanto, sabia que tinha de voltar a descer, um facto que não me tinha escapado. Tal como em Vinson. Mas continuava a avançar e, para ser honesta, quando chegámos ao campo a 17.000 pés, ou campo 4, a minha atenção foi desviada para outra coisa. Tínhamos chegado ao cenário de um filme num deserto selvagem cheio de neve. Era irreal. Havia paredes de gelo por todo o lado e algumas tendas.

Estava também frio (mais frio) ali em cima. Tremia tanto que o Jason me deu a parka dele e disse que a vestisse enquanto montavam algumas tendas. Ajudei no que pude, mas estava mesmo muito frio. Acho que a ansiedade dos últimos cem pés, ou algo assim, das alturas intensas e das pequenas cristas tinham posto o meu corpo em estado de choque e agora não tinha energia para me aquecer. Provavelmente, estava também desidratada. Ter ansiedade e beber água nem sempre são indissociáveis.

Não havia ali uma tenda de cozinha. O Ryan e o Jason traziam-me e à Kaylee água quente em termos para fazermos a nossa comida; refeições desidratadas, massa e aveia.

Urinava para dentro do meu frasco do xixi e saía para o ir deitar fora ou usar o balde verde, seja qual fosse a necessidade. Planeávamos tentar chegar ao cume na manhã seguinte. O Jason estava a controlar a pequena janela do tempo.

Na manhã seguinte, preparámo-nos e pusemo-nos a caminho por volta das oito e meia. O céu estava azul e não se via uma só nuvem. Tinha vestidas as minhas calças de penas, mas tinha a parka na mochila, juntamente com a comida, o meu termo de água quente, o meu inReach, o meu telemóvel no bolso do meu casaco de penas e, é claro, luvas, óculos e protetor solar para aplicar constantemente.

Saímos em direção à Autobahn e não, não é a autoestrada alemã, é uma subida íngreme na encosta de uma montanha que se sobe lentamente. Perguntei ao Jason porque é que se chamava Autobahn e, com um sorriso, respondeu "porque se escorregares e caíres, desces REALMENTE muito depressa". Era tão lento que levámos cerca de duas horas e o meu guia principal, o Jason, não estava contente. "Ema, como estás?"

"Tudo bem". Respondi, quase esbaforida.
"De certeza? Sempre que olho para trás, parece que a corda está a esticar. Duas horas não é um tempo mau, na verdade é médio para um grupo normal, mas devíamos ir mais depressa com o nosso pequeno grupo." Referiu o Jason. Nada disse.

Parámos algumas vezes durante a subida por causa do Ryan, o meu outro guia, que pediu para pararmos. A pausa era bem-vinda, mas o Ryan sentia-se doente e enjoado. Acontece que o jantar desidratado da noite anterior não lhe tinha caído bem. Vi o Jason a dar-lhe um comprimido para os enjoos.

Achei esta parte difícil. Os passos entranhados na neve, feitos pelas centenas de alpinistas ao longo da estação, eram "elevações" grandes em determinadas secções para as minhas pernas curtas. Quando dava um passo mais alto e maior, ficava sem fôlego. Achava que nos deslocávamos depressa, o que não me permitia respirar devidamente nos restantes passos. Quanto mais me custava respirar, mais difícil ficava subir e fiquei então mais lenta.

"Bem, continuemos. Reavaliamos no topo das Zebra Rocks e continuamos depois a partir daí. Farei uma avaliação em cada ponto" - disse o Jason.

Não disse nada e continuei. Dizia para mim mesma que tinha de acompanhar o ritmo pois não queria voltar ali. Por um lado, havia a enorme despesa, por outro, sabia que não conseguiria repetir este desafio. Concentrava-me em respirar fundo e em manter-me focada. Implorava a Jesus que continuasse a meu lado e me empurrasse a cada passo.

Quando chegámos às Zebra Rocks, o Jason anunciou: "bom trabalho, malta. Fizemos um tempo excelente. Ema, bom trabalho. Estamos no bom caminho."

Respondi "OK".

Sabia que, enquanto cliente, podia ter recuado se quisesse, mas não quis fazê-lo. Contratei-os para me ajudarem e guiarem. Estava mais determinada do que nunca a chegar ao cume.

Continuámos para a fase seguinte e para a próxima até chegarmos à Summit Ridge (Crista do Cume). Era alto, obviamente, mas era igualmente estreito e exposto. O meu coração batia tão descompassado.
O Jason tranquilizou-me dizendo que o Ryan tinha a minha corda mais perto dele e que, caso me sentisse assustada ou precisasse que fossem mais devagar, era só dizer ao Ryan. O Jason liderava a nossa equipa da corda, seguido pela Kaylee, depois o Ryan e, por último, eu. Estava mesmo bastante assustada.

Como se me lesse a mente, o Jason tranquilizou-me: "ser a última na corda é o melhor lugar porque se escorregares tens três corpos para te segurarem e trazerem para cima. Não é que vás cair!"

Apenas murmurei "OK".

Não vou dourar a pílula, estava ansiosa. O Ryan era um guia maravilhoso e estava constantemente a tranquilizar-me dizendo que estava bem e não ia cair. Quanto mais nos aproximávamos do cume, mais acreditava nele.

Respirei profundamente várias vezes. Sentia que estava a ter uma experiência fora do corpo.

À medida que "caminhávamos" na crista do cume, outros grupos vinham a descer. Ou seja, vinham na direção oposta à nossa. Um deles era um grupo grande da Alpine Ascents e o outro era um grupo da RMI. Parámos e deixámo-los passar pelo lado esquerdo. O Ryan tentava falar comigo sobre coisas triviais para me distrair à medida que os outros alpinistas passavam por nós. Não havia muito espaço e passávamos muito próximo uns dos outros.

O grupo da RMI tinha uma guia entre eles que olhou para mim, enquanto passava, com ar de aborrecida e de superioridade. Por um breve instante, estava novamente em Rainer, a sentir-me pequenina, mas abanei a cabeça e disse para mim mesma: "Não quero saber. Estou a poucos metros do cume do Denali e ela não importa."

Tinha-a ouvido algumas vezes em campos mais abaixo a gritar com os membros da equipa e pensei em como estava grata por não fazer parte daquele grupo.

Quando cheguei ao cume, a própria área era maior do que previra. Tirei o telemóvel do bolso para dizer ao mundo que estava no cume. Estava muito entusiasmada e queria aquele momento documentado. A minha mensagem InReach foi enviada com um localização registada por GPS. Tinha-me tornado a primeira mulher portuguesa a chegar ao cume do Denali. Era também a primeira mulher luso-canadiana a fazê-lo.

Tínhamos tempo para tirar fotografias de grupo, fotografias individuais e fotografias com as minhas seis bandeiras. Tentámos ligar do telefone de satélite três vezes, mas a chamada caía sempre. Gravei uma mensagem para a minha família a qual seria enviada pela Mountain Trip. O Jason ligou à namorada.

A Kaylee fez uma pequena corrida e saltou por cima do marcador do cume. Foi divertido lá no cume! Tínhamos todo o espaço só para nós. Jesus é tão maravilhoso e atencioso. Tinha estado comigo. Tinha-me levado ao topo do Denali. Sei que ajudou o facto de os quatro sermos crentes e de em casa estarem todos a rezar por nós. Na minha modesta opinião, não foi coincidência.

Não havia vento. Estava sol e o tempo tão limpo que conseguia ver todas as montanhas mais pequenas por baixo de nós. Estava eufórica. Cerca de vinte minutos depois estava na hora de descermos, por isso começámos a regressar.

O Jason explicou que eu ia à frente e os três atrás de mim. Relembrou-me novamente a lógica da sua fundamentação e garantiu que, se eu caísse, teria três guias a segurar-me e não iria a lado nenhum. Percebi o raciocínio dele e começámos a descer.

O Ryan estava logo atrás de mim a falar comigo: "Devagar, Ema. Não te apresses. Vais conseguir!" Caminhava devagar, mas de certo modo confiante. Parava quando o Ryan me dizia que o fizesse para que ele pudesse prender a parte da corda dele às ancoragens fixas. E quando gritava "a subir", continuávamos. Fizemos este padrão várias vezes.

Sem dar por isso, tínhamos saído da crista e estávamos a descer. Incrivelmente íamos a um ótimo ritmo. Tão bom, na verdade, que mesmo com as nossas pausas generosas normais chegámos ao campo alto por volta das sete da noite. Isto significava que levámos cerca de dez horas e meia a escalar o cume e voltar.

Ouvia a alegria na voz do Jason; "Dez horas e meia coloca-nos nos 30% das melhores subidas. É uma loucura!"

A Kaylee ria, mas com uma voz humilde disse: "Sim, mas as nossas condições não são normais. Normalmente, o tempo não é assim tão bom!"

Pensei para comigo: "E então?" Conseguimos, independentemente do tempo.

Na manhã seguinte, começámos a nossa descida para o campo base. Saímos de manhã cedo para descer até aos 14.000 pés antes que ficasse demasiado calor. Descansámos durante muito tempo aos 14.000 pés, até a temperatura arrefecer, para que fosse mais fácil andar na neve.

No campo 2, ou 11.000 pés, pusemos as nossas raquetes de neve que substituíam os crampons. A descida a partir dali não foi fácil. Eram umas 11 horas da noite, ou pouco passava. Devo mencionar que naquela altura do ano, nunca escurece no Denali.

Mesmo a esta hora tardia, a neve em determinadas zonas ainda era mole. Tropecei várias vezes. O Jason liderava, eu ia em segundo lugar, a Kaylee por trás de mim e o Ryan em último. Tinha a tarefa mais difícil que era tentar manter todos os nossos trenós alinhados. Eu continuava a tropeçar e dei algumas quedas, batendo várias vezes com a cara diretamente na neve. Caí muito, especialmente quando o trenó do Jason me empurrava para a frente. Sempre que tropeçava gritava: "Parem". E todos paravam. Levantava-me sempre tão graciosamente quanto possível e continuávamos.

A Ski Hill (Colina do Esqui) foi especialmente difícil porque a neve era muito escorregadia. Numa das nossas breves pausas, perguntei as horas. Quando o Jason disse que era uma e meia da tarde eu disse à Kaylee: "Já é dia dos teus anos, parabéns!" Os três tentámos cantar-lhe os parabéns. O sol nascia novamente por trás de nós, apesar de se ter posto apenas umas horas antes.

Quando finalmente chegámos ao campo um, havia várias tendas montadas e outro grupo de guias da Mountain Trip a acompanhar um grupo de vários alpinistas russos.

O Jason disse: "Vamos fazer uma pausa mais demorada aqui até eles recuperarem a cache que deixámos no caminho."

O Ryan perguntou porquê e o Jason respondeu: "Vamos com calma. Estamos adiantados uma hora".

Fiquei feliz cá por dentro por saber que estávamos a andar depressa e penso que cair tantas vezes não era assim tão embaraçoso. Assumi isso como um simbolismo do porquê de eu estar a escalar. Podemos cair, mas é preciso levantarmo-nos e continuar a andar. Não é com isso que lidamos diariamente com a saúde mental?

E então fizemos isso mesmo. A caminhada até ao campo um desde o campo base parecia interminável.
Tentava recordar-me de como tinha sido ir para cima doze dias antes, mas não me lembrava. Sabia que tinha conseguido, mas com toda a neve não me lembro do caminho.

Tinha o cuidado de continuar a seguir as pisadas do Jason quando contornávamos as fendas. Puxava os meus bastões de caminhada com cuidado para não os espetar na neve onde o Jason tinha andado por cima de uma fenda e andava o mais rápido que conseguia até à próxima.

Não deixava de pensar no Richard Parks quando fez o seu Desafio 737 e tinha estado no Denali em 2011, mais ou menos na mesma altura do ano, que fez um buraco numa fenda e caiu a uma grande profundidade. Teve de usar o machado do gelo na borda da fenda para sair. Portanto, espetar a neve naquele momento estava fora de questão.

Estávamos de volta ao campo base por volta das cinco e meia da manhã do dia 30 de junho à espera de apanhar um avião de volta a Talkeetna, doze dias após termos chegado.

Conseguimos.

De volta a Talkeetna, o Jason e o Ryan foram ao escritório dos guardas florestais, registando a nossa saída e uma chegada bem sucedida ao cume. Depois foram os dois despejar os baldes verdes. Eu e a Kaylee fomos arranjar uma mesa para o pequeno-almoço de celebração num restaurante local cheio de alpinistas.

CAPÍTULO XII

KOSCIUSZKO (KOSI)

O Monte Kosciusko, ou só Kosi, é basicamente uma caminhada até ao cume.

O Monte Kosciuszko fica na montanha mais alta do continente australiano a 2228 metros (7310 pés) acima do nível do mar. Fica localizado dentro do Parque Nacional de Kosciuszko e é apenas um passeio de ida e volta de treze quilómetros até ao cume a partir da estação de esqui em Thredbo Village.

Digo "passeio" porque não se pode realmente considerar que seja uma caminhada. Há um caminho muito giro e o cume é um enorme rochedo no topo.

O Monte Kosciuszko está na versão da lista dos 7 Cumes de Bass, por conseguinte tinha de lá ir. Carstensz, por outro lado, está na lista dos 7 Cumes de Messner.

O Steve foi comigo e combinámos tudo com uma curta visita a Austrália. Sempre falámos em irmos juntos à Austrália. Eu ainda estava dividida, como me referiu o meu psiquiatra uma vez, a considerar se saía ou permanecia naquela relação, rezando por clareza e orientação. Independentemente disso, fomos juntos.

Parámos primeiro em Sidney, visitámos os locais turísticos e explorámos a cidade. Fomos depois de carro para Thredbo onde ficámos uma noite na estação de esqui para eu poder "escalar" o Kosciuszko.

No dia 16 de novembro de 2019, bem cedinho, hora local, estava pronta. Preparei a minha garrafa de água, comida, câmara, telefone e as minhas bandeiras, e lá fui pela colina vazia acima.

Também se pode apanhar o teleférico, tornando o dia ainda mais curto, mas só começava a funcionar a partir das oito e meia e, sinceramente, queria caminhar/andar no Kosciuszko. Afinal, é o único pico da série de 7 Cumes que se pode fazer em poucas horas e sem precisar de aclimatização!

A caminho do cume, consegui ver que não havia ninguém no pico, o que era ótimo. Não é todos os dias que temos o pico de um cume só para nós ou que podemos "escalar" sozinhas um dos 7 Cumes!

Ao chegar ao topo, instalei o meu tripé, tirei selfies e liguei aos meus netos, o Ethan e a Julia, pelo Facetime. Também não é todos os dias que podemos fazer uma chamada pelo Facetime com os netos num dos 7 Cumes.

Vinte minutos depois, ao descer, o Steve vinha para cima para fazer sozinho o Kosciuszko. Tinha apanhado o teleférico para cima e depois, como ali estava, decidiu também ir até ao cume sozinho.

Este era o meu sétimo cume. Não completei nenhuma das listas dos 7 Cumes, uma vez que ambas incluíam o Evereste, mas foi "tecnicamente" o meu sétimo cume. Para evitar qualquer polémica em como completei os 7 Cumes, estava a fazer ambas as versões das listas e a completar oito cumes no total. Contudo, para que conste, o Monte Carstensz e o Monte Kosciuszko, as duas montanhas que diferem nas listas, não têm qualquer semelhança!

Com esta concluída, o meu último pico seria o Evereste. Pelo menos, todos estão de acordo quanto ao Evereste.

CAPÍTULO XIII

A MENTE CONTRA AS MONTANHAS

Estava previsto ir ao Evereste na primavera de 2020, mas surgiu a COVID-19 e o Evereste fechou, à semelhança do resto do mundo.

Depois começou a abrir em 2021 e a minha primeira tentativa para terminar os 7 Cumes não correu bem.

Depois de a minha tentativa para escalar ao cume do Evereste em meados da pandemia da COVID-19 ter falhado, na primavera de 2021, a minha consultora financeira, corretora de seguros e extraordinária boa amiga Kim enviou-me uma mensagem porque eu estava a sentir-me derrotada e com pena de mim mesma. Pediu-me que considerasse que o Evereste não era a montanha que precisava de escalar e conquistar, mas sim a mim mesma.

Quando comecei a treinar novamente para a segunda tentativa do Evereste apercebi-me de que tinha razão.

A segunda tentativa foi sem o Steve e marcou o final de mais de uma década em que me senti pequenina. Não quero dizer baixa, uma vez que sou baixinha, quero dizer pequena. Eu explico. Tinham sido doze anos, oito que quase não vivi. Digo que quase não vivi porque viver constantemente confusa ou como se estivesse num comboio a alta velocidade prestes a descarrilar a qualquer momento não é viver.

Foi naquele fatídico dia 7 de abril de 2009 que a minha vida mudou. Tinha chegado a casa do trabalho com uma enxaqueca e o Steve não estava, mas quando olhei para dentro do escritório, a caminho do quarto, vi que o computador dele estava ligado. Fui até lá para ver o que estava no ecrã e não conseguia perceber o que estava a ler:

"Olá Carol,

Obrigado por te teres encontrado comigo hoje. Foi muito bom. Adorei passear contigo e provocar-te; e tentar beijar-te!!! Até acabares por ceder!!! Acho que a minha persistência funcionou. Tens uns lábios muito macios que gostaria de voltar a explorar... Espero que também tenhas gostado de me beijar -- tínhamos alguma pressão de tempo contigo preparada para correr --uma mão na porta--lol---mas no geral, correu tudo bem!! Sei que não encaixo perfeitamente no que procuras em termos de "prazo", mas espero que decidas ignorar isso e podemos tentar que funcione -- Acho que independentemente do que decidirmos fazer no futuro, desde beijarmo-nos até decidires algo mais, vais sentir-te confortável e segura comigo - Sou um amante muito atento e gentil --a mordiscar a tua orelha ou a beijar-te os lábios, quero que ambos desfrutemos um dos outro --é importante para mim. De qualquer forma, esqueci-me de mencionar antes de te ires embora que se quiseres ligar-me para conversar ---fá-lo!!!

Jamie

p.s. --se decidires que queres continuar o nosso caminho --devagar ou depressa, conforme desejares - quero remover o meu anúncio se concordares e achares que queres continuar algo comigo.....Só quero sentir-me como me senti contigo hoje quando nos beijámos -só com uma pessoa. Abraçar-te, acarinhar-te, beijar-te, tocar-te um pouco e talvez um dia avancemos com mais, mas num quarto....

adeus novamente.."

O meu coração batia fora do peito. O e-mail foi enviado de um Jamie para uma Carol. Quem era o Jamie? Depois olhei para a caixa de e-mail e no painel do lado esquerdo vi pastas com os nomes Amparo, Craig's List, Sarah, Trina e Vários.

Naquele dia, o meu mundo ruiu. Senti que tinha ido contra mim um camião basculante cheio de entulho. Comecei a tremer e só consegui pagar no telefone e ligar o número do Steve. Quando respondeu, só consegui dizer bruscamente:

"Quem é a Carol?"

Ouvi uma pancada forte pois o Steve deixou cair o telefone. Liguei novamente e ouvi-o a atender, mas ficou em silêncio.

"Quem é a Carol e quem é o Jamie?". Repetia aquilo vezes sem conta.

"Ninguém..." - foi tudo o que me respondeu. Estava a vir para casa de carro.

Tinha-se esquecido de desligar o computador ao levar a Daisy ao parque dos cães ali perto.

Quando chegou a casa, já tinha lido e-mails suficientes para perceber que ele era o Jamie. Após ter gritado histericamente durante um bocado, obriguei-o a apagar a conta de e-mail e passei depois toda a noite no chão a chorar em posição fetal. Tinha-me traído com tantas mulheres. Estava de coração partido, zangada e magoada. Sentia-me devastada.

Alguns dias mais tarde, quando já estava um pouco recomposta, recuperei a conta de e-mail do Yahoo. Foi aí que fiquei a saber que o Steve já me traía há muito tempo. Havia provas que remontavam a 2006, mas muitas mais desde 2008.

Fiquei a saber que o Steve, ou o Jamie, tinha contas e anúncios no Ashley Madison, no Adult Finder e no Lavalife. Também publicitava nos anúncios pessoais do Kijiji.

O que mais me indignou foi um dos anúncios no Craig's List para atrair mulheres disponíveis e o facto de as mulheres que responderam estarem também dispostas a trair os companheiros. Dizia assim:

"......pelo menos, lê a minha publicação para perceberes por que procuro uma mulher especial - uma mulher cujas necessidades emocionais e físicas não estejam a ser satisfeitas - possivelmente um problema de DE ou uma circunstância como a minha...

Sou um homem casado que não consegue fazer amor com a mulher desde que ela ficou incapacitada há 2 anos. A minha mulher estava a conduzir o carro sozinha quando se envolveu numa colisão com quatro carros e ficou com uma lesão na coluna - resultando em paralisia parcial da parte inferior do corpo (paraplegia). Está atualmente numa cadeira de rodas e com toda a probabilidade nunca mais poder vir a andar.

Como ainda amo a minha mulher e opto por honrar o compromisso que fiz com ela no casamento (na doença E na saúde), decidi obviamente ficar ao lado dela. Espero ficar casado com ela para sempre, mas a verdade é que os últimos anos têm sido muito difíceis para mim e também para ela. Além do stress de ter de cuidar da minha mulher, perdi também a intimidade a dois que tínhamos regularmente. Continuamos a conseguir ser carinhosos um com o outro. Após muito tempo e de pensar muito, consegui finalmente decidir que precisava de fazer algo para recuperar a minha própria felicidade, que perdi desde o acidente da minha mulher. Procuro uma mulher tolerante e disposta a que sejamos amantes - começaríamos por ser amigos. Felizmente, existe aí uma mulher especial que possa estar interessada num acordo destes. Se consegues compreender a minha situação, ganharás um ótimo amigo e amante que se certificará de que és feliz no tempo que passarmos juntos. Considero-me um amante muito "generoso" e também sou muito carinhoso. Seria um caso discreto para ambas as partes. Para que saibas, quero conhecer uma mulher de qualquer raça e tipo de corpo (magra ou mais forte) com idades entre 25-50 anos. Sou branco e tenho um corpo atlético, vou ao ginásio 3 vezes por semana desde jovem. Tenho muito cabelo loiro e não uso barba. Obrigado por leres a minha publicação".

A Kim soube de tudo isto pois desabafei com ela. Sempre foi alguém com quem desabafei ao longo dos anos. Não tinha coragem para me ir embora e estava infeliz, muitos dias com pensamentos suicidas. Houve dias em que conduzia para o trabalho e que me imaginava a morrer, batendo com o carro contra uma parede a grande velocidade. Inúmeras manhãs imaginei-me a conduzir para a frente de um comboio quando esperava que ele passasse na Winston Churchill Blvd.

Depois de tudo isto, fiquei. Ainda não tinha chegado ao meu ponto de rutura.

O meu ponto de rutura aconteceu quando o Steve anunciou que ia para o México operar o rosto, o queixo, o peito e outras partes do corpo. Disse-mo na semana antes de estar prevista a partida para o Evereste em 2021.

Discutimos sobre esta viagem. Pensei que se a cirurgia plástica era tão importante para ele, poderia fazê-la em Toronto, mas insistia no México. Simplesmente achei que ia com outra mulher por isso disse-lhe: "Se fores para o México, deixa de haver casamento."

O Steve, que estava dentro do nosso closet, virou-se para mim, com vingança e repugnância nos olhos, e simplesmente responder: "que merda de casamento achas que temos?"

Ele foi para o México e eu fui para o Evereste.

CAPÍTULO XIV

EVERESTE 2021

Quando fui para o Evereste em 2021, parecia um Zombie.
Estava vazia. Assustada. Mais de vinte e dois anos da
minha vida tinham acabado.

O Evereste tinha sido cancelado no ano anterior devido à Covid-19 e, muito embora ainda estivéssemos a meio da pandemia, já era novamente permitido viajar, com todas as restrições. O Lado Norte (lado chinês) permanecia fechado e esse era o lado que pretendia fazer originalmente e no qual me tinha inscrito. Convenceram-me a fazer o Lado Sul, uma vez que pensámos que seria o ano com menos pessoas. Afinal ainda estávamos numa pandemia. Infelizmente, foi o ano em que o Nepal emitiu mais autorizações para escalar o Evereste, ainda mais do que em 2019, no ano em que as fotografias dos "engarrafamentos" fotografados por Nirmal "Nims" Purja de pessoas a tentarem chegar ao cume fizeram manchetes em todo o mundo.

Cerca de um mês após ter chegado, deixei o Evereste.

Tomar a decisão de me ir embora foi avassaladora, dolorosa e refletida. Chorei muito na minha tenda. E rezei. Chorava à medida que escrevia o meu blogue original e a minha publicação no Facebook.

Não fui a primeira mulher portuguesa a escalar os 7 Cumes nessa altura, mas fiquei bem. Estava segura.

Tinha ouvido histórias em primeira mão sobre caminhadas no campo base do Evereste. Havia quem defendesse que quem conseguia chegar ao campo base, através do Vale Khumbu, sem ficar doente, estava a meio caminho de chegar ao cume.

Bem, os meus primeiros sintomas começaram ao beber um chocolate quente em Namche durante a nossa caminhada até ao campo base do Evereste. A caminhada destinava-se a ser feita lentamente para ajudar os nossos corpos a aclimatizar-se, mas para mim foi o início de problemas gástricos dos quais não consegui recuperar.

Nove dias de caminhada foram muito penosos para o meu corpo. Fiquei com uma intensa diarreia, vómitos e mesmo após tomar medicamentos não consegui recuperar as forças. Fiquei cansada, desidratada e consegui até humilhar-me uns dias mais tarde numa sessão de treino no campo base perto da cascata de gelo. Aos 53 anos, sujei as calças. Não consegui controlar-me. Não consegui tirar o meu arnês a tempo. Nunca me senti tão envergonhada em toda a minha vida e, contudo, tive de sorrir e fingir que nada tinha acontecido. Aposto que não é isto que ouvem todos os dias ou veem publicado no Facebook sobre escaladas.

O Evereste não é uma montanha normal. É a mais alta, mas não a mais bonita, na minha opinião. Pelo menos, não do Lado Sul (Nepal). É preciso ter muitas competências técnicas de escalada para navegar na cascata de gelo, por exemplo.

Sim, havia menos escadas e nenhuma secção tinha três ou mais escadas interligadas como poderão ter visto no YouTube. Mas mesmo assim o percurso era muito longo desde o campo base até ao campo um. Havia muitas subidas verticais de gelo e muitas inclinações que o alpinista médio poderá achar muito técnicas.

Após alguns atrasos, devido a uma avalanche que tinha havido e o percurso ter estado fechado, no dia 25 de abril estávamos prontos para seguir para o Campo Um. Ao meio-dia e meia levantámo-nos e preparámo-nos para andar até às duas da manhã.

Nesse dia, achei que me sentia melhor do estômago, mas cerca de trinta minutos mais tarde, no ponto crampon (local no gelo em que temos de colocar os crampons), precisei de ir à casa de banho. Achei que era um bom local para despachar o assunto pois nenhum outro sítio do percurso estaria disponível para o fazer de forma segura. Feito. Continuava a sentir-me bem.

Após algumas subidas, mais escalada, mais subidas, esperas em fila e mais subidas, ouvimos a voz firme do nosso guia principal, que ia à frente, a dizer-nos para nos desviarmos. Olhámos para cima e vimos uma nuvem de pó branco a vir na nossa direção, uma queda de massa elevada de glaciar. Felizmente desmoronou-se numa fenda, mas precisei de ir novamente à casa de banho!

Acho que foi nesta altura que perdi a noção do tempo e de onde estava. Contra o conselho do meu guia, tirei o arnês e escondi-me atrás de uma rocha, ou talvez fosse um grande bloco de gelo. Podia ter caído numa fenda, mas naquele momento, só conseguia pensar que precisava de ir à casa de banho.

Havia tanta gente naquelas cordas e naquele caminho. As pessoas já não escalavam com gosto. Toda a gente tentava avançar, subir, tentava não cair e ultrapassar a pessoa da frente. Ali é cada um por si. Subir a cascata de gelo é duro, com um engarrafamento de alpinistas a tentar provar que são melhores do que o abismo de fendas e os pisos escorregadios. A tentar correr contra a montanha. O Fischer, o guia que estava comigo, estava sempre a perguntar-me se estava bem. Estava preocupado com as minhas pausas para ir à casa de banho. Passado algum tempo, admiti que sentia um frio repentino, embora tivéssemos terminado a subida com a corda. Foi aí que sugeriu que devíamos voltar para trás devido ao estado em que me encontrava e enquanto ainda tinha forças para descer. Concordei.

Comunicou com o nosso guia principal, o Jacob, pelo rádio e foi o que fizemos. Tentar descer quando há uma caravana de pessoas a subir e apenas uma corda era bastante difícil. O percurso para baixo é mais difícil do que para cima. Em várias inclinações, o Fischer foi a minha âncora humana. Isto demonstrou o alto calibre dos guias de montanha da Mountain Trip. Sentia-me segura, mas estava fraca.

De volta ao Campo Base, entrei na tenda e chorei. Estava a desapontar toda a gente.

Em todas as outras montanhas tinha conseguido sentir Jesus a empurrar-me e a puxar-me. Conseguia senti-Lo. Naquele momento não. Embora rogasse, senti que andava num local sem alma. Talvez estivesse. Talvez fossem as almas de todos os alpinistas que morreram e nunca foram encontrados.

Na manhã seguinte, os meus guias tranquilizaram-me e sugeriram que subíssemos na manhã seguinte pois podiam arranjar um Sherpa que levasse a minha mochila para eu poder poupar a minha energia. Disseram-me que outros alpinistas tinham tomado partido disso na véspera. Assim podia ir para o Campo Um e encontrar-me com o resto do grupo. Disseram-me que não ficaria muito atrasada.

Mas os 10 kg que carregava na mochila não eram o problema. O meu corpo estava fraco após quase 20 dias a sofrer com gases, dores, cólicas, diarreia, sensação de inchaço, falta de energia e medo de comer.

Quando disse à minha família que não conseguia continuar, recebi palavras de encorajamento para continuar. És forte, treinaste tanto tempo para isto, vais conseguir - diziam-me. Acreditámos em ti e temos orgulho em ti - continuavam a dizer-me, muito embora eu soubesse que tinha de parar.

As suas palavras de encorajamento apenas me faziam sentir ainda mais culpada. Não queria desapontá-los nem ninguém, mas sentia-me derrotada e estar na cascata de gelo era frio, como numa gruta à noite, um túmulo, e não queria morrer ali. Sem falar que não havia casa de banho!

Tinha começado a escalar os 7 Cumes há quase quatro anos e tinha completado sete dos oito cumes, sendo o Evereste a última montanha que faltava escalar em ambas as versões de Messner e Bass. Sempre gostei das escaladas. Em todas elas, tinha conseguido chegar ao cume na primeira tentativa. Chegar ao cume de cada montanha tinha sido sempre um bónus. A verdadeira vitória foi ter-me encontrado nas montanhas, através das escaladas, e ter gostado do que as montanhas me tinham ensinado até então.

Isto era diferente. Sabia que não tinha forças para chegar ao cume e atravessar a cascata de gelo seis vezes. Estava apenas na nossa primeira rotação. Nesta temporada de escaladas, cruzar a cascata de gelo fazia com que as equipas demorassem cerca de vinte horas a chegar ao campo um. Naquele momento, não tinha forças para isso. Adicionando ao perigo da cascata de gelo, em que temos de nos movimentar tão depressa quanto possível, as minhas indisposições aumentavam o perigo para mim mesma, para o meu guia e para o sherpa.

Escalar motiva-nos, empurra-nos. É claro que eu apenas o fazia para sensibilizar sobre a saúde mental e acabar com o estigma em torno disso em nome da Peaks for Change Foundation. As realizações pessoais apenas se tornaram parte da viagem, nunca foram o objetivo. O objetivo era angariar fundos para a CAMH e a clínica Bridging, no entanto não angariámos tanto quanto esperávamos.

Agora, enquanto lutava com o meu corpo, disposta a cooperar para poder escalar, decidi ouvir. Aceitei que não podia continuar a escalar. Teria sido hipócrita da minha parte continuar quando o meu corpo me dizia que não conseguia. Apenas o meu ego queria continuar, mas isso poderia, teria, não só colocado a minha pessoa em risco, como também os meus guias e sherpas. Eles teriam feito qualquer coisa para garantir a minha segurança. Não era justo colocá-los nessa posição.

Então, colocando de lado as minhas próprias inseguranças, a vergonha, os medos, os demónios, as limitações e a ansiedade, decidi parar.

Não foi uma decisão fácil. Enviei uma mensagem ao Steve enquanto decidia o que fazer, a sentir-me derrotada. Precisava que alguém me dissesse que não fazia mal ir para casa. Apenas respondeu a dizer que se quisesse desistir que o fizesse.

Essa mensagem foi seguida por outra a questionar se tinha contactado a Kim sobre o meu seguro. Menti e disse que sim. Depois enviou-me mensagens a bombardear-me com perguntas e disse que se o seguro cobrisse o helicóptero, o voo para casa, os honorários que tinha pago à Mountain Trip, etc., e se ela me tinha dito que assim o era, que desistisse.

Chorei tanto que era difícil respirar. Rezei e rezei a Deus para me deixar morrer ou mostrar-me o que fazer.

Uns momentos depois, recebi uma mensagem do Emmanuel. "Olá! As tuas filhas enviaram-me uma mensagem, o que se passa?" - perguntou.

Enviei-lhe uma mensagem a dizer como estava doente e o que tinha acontecido.

Respondeu: "Bem, parece que voltar foi a decisão certa. Descansa. Vê como te sentes de manhã. Se quiseres vir para casa, vem para casa."

Sabia que apenas me apoiava como a Nicole e a Patricia.

"Talvez de manhã digas «que se lixe, vou fazê-lo!». Lembras-te que no Carstensz ficaste doente ao subir no dia do Cume? O que acontece no Carstensz, fica no Carstensz :)" - continuou.

"Emm, isto tem sido o Carstensz há já quase três semanas desde que escalei para o campo base" - respondi.

"Ema, vem para casa. A montanha vai estar aí noutra altura" - respondeu o Emmanuel.

Era o tudo o que precisava de ouvir. Só precisava que alguém compreendesse como me sentia doente. Só precisava que alguém me dissesse que não fazia mal ir-me embora. Precisava que alguém me dissesse o que fazer.

"OK" - respondi e desliguei o telefone de satélite. Depois de chorar durante o que pareceu terem sido várias horas, fui dizer ao diretor do nosso campo base e ao Fischer, o meu guia, que queria um helicóptero desde o campo base e queria sair de Kathmandu. A minha expedição tinha acabado.

Só disse ao Steve alguns minutos antes de o helicóptero aterrar. Não queria discutir mais, ouvir negatividade nem mesmo ter dúvidas plantadas em mim. Já tinha feito as malas. Ele estava em Kathmandu porque tinha planeado caminhar até ao campo base e estar lá quando eu chegasse ao cume. Estava a recuperar da ritidectomia e, muito honestamente, não queria vê-lo. Não conseguia compreender por que tinha viajado para o Nepal, uma vez que me tinha dito que já não havia casamento.

Quando cheguei a Kathmandu, enviou-me uma mensagem a perguntar em que hotel eu estava e que vinha ver-me para irmos jantar. Falou comigo como se não estivéssemos estado casados há mais de vinte e dois anos, como se fôssemos amigos ou algo assim. Estava destroçada, doente e cansada e dizia simplesmente que não o podia ver devido à covid. Ia ficar no meu quarto e esperar pelo resultado do teste à covid para ver se no dia seguinte podia ir de avião para casa. Concordou muito depressa, por isso assumi que tinha ficado aliviado por não me ver, como eu estava por não o ver. Disse depois que se ia embora na manhã seguinte para começar a caminhada para o campo base.

E foi tudo. Fui para casa no dia seguinte. Foi o fim da minha tentativa no Evereste e o fim oficial do meu casamento.

Tenho que admitir, a cascata de gelo assustou-me imenso. Quero acreditar que os meus problemas gástricos eram a forma de Jesus me dizer que eu não devia escalar o Evereste naquela altura. Era a Sua forma de me manter segura porque quando decidi ir para casa invadiu-me um sentimento agradável. Senti os pulmões a expandir e a encherem-se de ar.

Quando cheguei a casa, fiz uma quarentena de catorze dias conforme exigido pelo governo. Todos os meus testes à Covid-19 estavam negativos.

Senti-me cansada durante várias semanas a seguir. O sono vinha facilmente durante o dia, como se o meu corpo quisesse desligar o meu cérebro quando se punha a pensar no que podia ter acontecido. Estar em quarentena, não poder sair de casa, prejudicou a minha autoestima e a minha saúde mental. Sentia-me uma criminosa.

Depois de ter consultado a minha médica de família, suspeitou-se de que poderia sofrer de doença de altitude e ninguém a ter diagnosticado. Nunca saberei. O que sei dizer é que o meu estômago ainda me doía quando comia nas semanas seguintes.

Depois de ter saído do Evereste, outro membro da equipa foi evacuado do Campo Dois devido à doença de altitude. Voltou para casa, para os Estados Unidos.

Foi noticiado que o Nepal emitiu 408 autorizações de escalada nessa temporada, o que foi um número recorde elevado de autorizações desde que começaram a ser emitidas autorizações para escalar o Evereste. Acredito que ter ficado doente foi uma bênção.

Optámos por escalar o lado Sul porque originalmente essa temporada prometia ser uma escalada com o menor número de pessoas e iria permitir que nos déssemos ao luxo de desfrutar da montanha. As multidões em 2019 levaram a acidentes mortais; as multidões que se veem na agora famosa fotografia com centenas de alpinistas alinhados até ao cume – todos eles com as máscaras de oxigénio colocadas. O ano da minha primeira tentativa prometia ser mais do mesmo.

Escalar montanhas, ou até mesmo colinas, é terapêutico e libertador. Faz maravilhas à nossa saúde mental e é um excelente exercício. Alcançar o Cume de qualquer pico é de cortar a respiração. As vistas oferecidas ficarão para sempre gravadas em mim. Mas escalar para chegar ao cume numa fila "24 horas por dia" perde o interesse, a finalidade. Na minha humilde opinião. Após esperar tanto numa fila, quando se chega ao topo será que valeu a pena? Sei que quando escalei o Elbrus na Rússia, os ventos fortes e as multidões tornaram a experiência anti-climática para mim. Quase não tive tempo para tirar fotografias pois tive logo de sair da área do cume.

Durante alguns meses depois disso, as pessoas encorajavam-me a tentar novamente na temporada seguinte. Apenas sorri. Secretamente dentro de mim, nunca quis voltar. Mas depois, os demónios do "e se" começaram a torturar-me.

CAPÍTULO XV

EVERESTE, SEGUNDA TENTATIVA

*Na sexta-feira, dia 13 de maio de 2022, escalei o Evereste
e terminei o que comecei em setembro de 2017.*

Cheguei a Kathmandu no dia 25 de abril. Ainda tinha de escalar pelo lado sul, através do Nepal, porque a China continuava a ter o Evereste fechado a estrangeiros. Desta vez, tinha decidido ir com a Furtenbach Adventures e fiz a subida Flash. Chama-se "Flash" porque é uma versão rápida da escalada do Evereste; são três semanas, contrariamente aos dois meses normais de expedição. Comecei a minha aclimatização em casa a dormir numa tenda hipóxica todas as noites durante oito semanas até à minha partida para o Nepal.

Tomei a decisão consciente de não caminhar até ao campo base desta vez. Foi isso que me desencorajou na temporada passada. Ao fazê-lo, reduziu a quantidade de tempo que passaria na montanha. Também não havia necessidade de subir e descer a montanha para me aclimatizar e atravessar a perigosa cascata de gelo.

O outro fator que me fez optar pela Furtenbach Adventures foi a quantidade ilimitada de oxigénio disponível. Na última temporada, muito embora tenha acabado por não utilizar, quando contei as garrafas no campo base e fiz as contas, não haveria suficientes para que todos as pudéssemos usar livremente. A Furtenbach também obriga todos os Sherpas a ter oxigénio, como os clientes.

Após ter esperado que o resto da equipa chegasse no dia seguinte, saímos na manhã do dia 27 de abril. Muito honestamente, soube bem sair de Kathmandu. Era tão sujo e tinha lá tantas pessoas. À semelhança do ano anterior.

Era como que um déjà vu, só que desta vez a maior parte da equipa falava alemão. Os meus colegas de equipa eram sobretudo da Áustria. Além de mim, havia mais três pessoas que falavam inglês como idioma principal: um escritor americano, um senhor britânico com mais idade e um senhor de Israel. Havia outra senhora na equipa, a Cosima, Dra. Cosima Eggenberger-Huspenina, também da Áustria.

Os outros eram grandes alpinistas alemães que olhavam para mim a tentar avaliar se pertencia à mesma expedição que eles. Senti-me um pouco insegura, mas respirei fundo e não liguei. Sabia que pertencia! Conseguia fazer exatamente o que eles faziam, conseguia escalar. Estou habituada a olhares por ser baixinha. Tenho convivido com isso há cinquenta e cinco anos. Sabia que muitas pessoas faziam julgamentos rápidos com base nas aparências e não quis saber.

Voámos de helicóptero, vários helicópteros, na verdade, uma vez que éramos um grupo grande, e aterrámos em Kote. Não senti o pavor do ano anterior. Este lado do Khumbu, uma região do Nepal, era muito diferente. Sabia que conseguia fazê-lo.

Mantive-me focada em repetir constantemente que conseguia fazê-lo. Sabia que desta vez ia conseguir. Enquanto esperávamos pelos nossos quartos na pousada onde íamos passar a noite, eu e a Cosima fomos dar um pequeno passeio ali por perto. Caminhámos até uma ponte sobre águas violentas. O isolamento desta aldeia, situada num vale rodeado por montanhas, fazia-me lembrar o Carstensz e a nossa caminhada por lá. Pensei que seria um presságio, um bom presságio de boa sorte. A memória do Emmanuel a chamar-me Jane da selva quando passava por uma ponte semelhante, fez-me sorrir instantaneamente, seguindo-se a saudade. Durante momentos, desejei que ali estivesse.

Depois do almoço, demos um pequeno passeio e foi bom, não fiquei ofegante, não fiquei cansada e mantinha melhor o ritmo do que alguns deles. Isto ajudou um pouco para a minha autoconfiança. Quando regressámos à aldeia, bebemos chá e comemos bolachas no interior de uma sala de jantar acolhedora do Lama Lodge.

O calor nas instalações vem normalmente de cocó de iaque, o que cheira muito mal pois, como podem adivinhar, é cocó queimado! No entanto, no Lama Lodge, o quarto era aquecido com lenha verdadeira! Era um regalo! Posto isto, as próprias instalações eram tão más quanto as pousadas em ficara no ano anterior. Esperámos pelo jantar, depois fomos para o nosso quarto frio onde nos metemos num saco-cama e esperámos conseguir dormir.

No dia 28 de abril, dia três da nossa expedição, fiquei feliz por avançar. Nunca pensei dizer isto, mas prefiro uma tenda às casas de chá. A Cosima não se sentia bem e disse que estava com problemas gástricos que pensava ser de uma bactéria. Era médica, portanto assumi que sabia do que falava.
O senhor mais velho, que soube ter 68 anos, o Graham, estava a fazer a expedição de escalada de assinatura, o que significava que tinha o próprio guia e três sherpas, também não se sentia bem. Sentia-se afetado pela altitude. Doía-lhe muito a cabeça. Eu sentia-me muito bem, muito embora na altura não estivesse a tomar Diamox. O Lukas disse-me que, de qualquer forma, tinha de parar de tomar no campo base portanto, em vez disso, olhava para as minhas mãos a ver se inchavam enquanto concluíamos a nossa caminhada do dia.

O ritmo nesse dia foi relativamente fácil e não fiquei com falta de ar. Gostei mais da caminhada do que no ano anterior e tive até a oportunidade de desfrutar do lindo cenário à medida que avançávamos.

Tentava manter a mente ocupada, a pensar apenas em coisas positivas. Algumas vezes "escrevia" fantasias na minha cabeça! Faziam-me sorrir e continuar mais um pouco! "Escrevi" vários livros a escalar outras montanhas e aqui não era diferente. Ocupar a cabeça ajudava a distrair-me durante os dias longos e, naquele dia em particular, permitiu-me ignorar todo o idioma alemão que era falado.

Depois do jantar fizeram uma palestra sobre doença de altitude e o que podíamos ou não sentir.

A comida era escassa na casa de chá. Não havia carne e hoje não havia pão, apesar de eu ter pedido torradas para de manhã.

Passámos o dia 4 da nossa expedição a caminhar. Chegámos a Khali por volta da hora do almoço, a última aldeia antes de escalarmos o Pico Mera. O termo aldeia era utilizado livremente, uma vez que havia apenas alguns edifícios com acomodações para turistas. Esta aldeia era considerada o campo base do Pico Mera.

Continuava a sentir-me bem e a gostar de me esforçar por manter o ritmo, o que era maravilhoso. Naquele ano, não me senti cansada nem achei difícil.

Havia ali mais pessoas a preparar-se para chegar ao topo do Pico Mera. Havia um grupo de gregos que nos fez pensar na Covid-19, deixando-nos perturbados, já para não falar que estava também muito frio.

Depois do almoço, fizemos uma escalada de aclimatização da encosta. Era alta. Tinha um aumento de altura de 500 m que se alcançava caminhando por um caminho estreito. De vez em quando, do canto do olho, conseguia ver a elevada altitude a que nos encontrávamos e sentia algum pânico, mas depois acalmava-me e continuava a escalar.

Alguns alpinistas não subiram, como a Cosima. Não percebo porquê, mas para aqueles de nós que foram, o Lukas referiu, no topo, que era realmente maravilhoso ver como nos estávamos a sair bem. Disse que o ritmo era excelente e que todos parecíamos estar bem aclimatizados.

Sentia-me bem, muito embora continuasse um pouco nervosa por não estar a tomar Diamox. Continuava a controlar o meu consumo e saída de líquidos e continuava a olhar para as minhas mãos a ver se inchavam. Era apenas o Dia 4, mas já estava farta de chá de gengibre e limão, por isso mudei para chá de menta. Devido ao meu receio de repetir as diarreias do último ano, não estava a beber café.

À medida que avançávamos, as pessoas começaram a falar mais comigo. Falavam inglês (com pronúncia). Um alpinista do nosso grupo tocava trombone na Ópera Nacional de Viena. Acreditem ou não, tinha-o consigo e naquele dia, na nossa primeira pausa, tocou durante alguns minutos!

O resto do equipamento do grupo (e era imenso) foi para o campo base juntamente com os nossos sacos. Havia mais do que era habitual porque a Red Bull estava a filmar um documentário sobre a nossa escalada. Na verdade, um dos operadores de câmara/produtores ia hoje connosco. Chamava-se Philip. Passou a maior parte do tempo com o Lukas, a fazer filmagens sozinho.

O dia seguinte, dia 5, foi um dia horrível. Fizemos uma caminhada de aclimatização ao Pico Mera e regressámos para dormir na pousada. Subimos aos 5500 metros (18.044 pés) e descemos. Era uma substituição das rotações no Evereste pela cascata de gelo, por isso não nos queixámos. No entanto, fomos atingidos por bastante neve e ficámos totalmente molhados. Tivemos de pôr as nossas roupas e mochilas a secar à volta do fogão a lenha. A sala de jantar da pousada parecia um acampamento, mesmo com cordas de roupa.

Até àquele momento, tínhamos estado sem rede e isso desmoralizava. Além disso, todos tinham ficado sem bateria. Tinha ficado até sem a bateria do meu telefone de satélite. Tinha decidido recarregá-lo apenas ao chegar ao campo base do Evereste, uma vez ali que cobram $10 USD para carregar cada dispositivo.

Durante a nossa caminhada de aclimatização, estávamos amarrados por cordas e sinto que me portei bem. O ritmo dos guias era bom, mas que frio estava quando descíamos!

Fiquei ansiosa por terminar esta parte, ir para o campo base e para o cume. Estava frio! Não consigo acentuar isso o suficiente.

Não levávamos quase nada nas mochilas. Tínhamos carregadores para nos levar as botas e os crampons até ao ponto crampon. Isso era útil pois eram quase duas horas de escalada até às rochas e era escorregadio.

No dia seguinte, o dia 6 da nossa expedição, escalámos até ao Campo Um do Pico Mera. Os carregadores levaram novamente as nossas botas e crampons de expedição até ao ponto crampon. O plano era, após termos chegarmos ao cume do Pico Mera, os carregadores estarem novamente no ponto crampon, na quarta de manhã, com as nossas botas de caminhada normais para voltarmos a mudar de calçado antes de descermos de novo para a aldeia.

Não senti que era demasiado rápida a calçar as botas e os crampons, mas parece que sim, por isso fui colocada na equipa da corda mais rápida. O guia era bom e o ritmo dele era maravilhoso. Havia uma enorme diferença do ano anterior em que o Jacob caminhava sempre tão depressa que quase ninguém o conseguia acompanhar. Às vezes achava que ele gostava de nos fazer sentir mal. Lembrei-me do Scott a comentar o mesmo.

Uns senhores não estavam contentes por eu estar naquela corda, mas pouca sorte a deles. Desta vez, aceitei e não quis saber do que os outros pensavam ou sentiam. Tinha voltado, com grande custo financeiro, para terminar os sete cumes, mas mais importante ainda, provar a mim mesma que era capaz de o fazer.

Desta vez queria terminar.

Muito embora a Cosima tivesse escalado o Pico Mera connosco, ia depois escalar o Lhotse. Isto significava que eu seria a única mulher da equipa Evereste após o campo base Evereste.

Alguns dos homens da nossa equipa irritavam-me um bocado. Como é que podiam ter egos tão grandes quando alguns deles nem sabiam andar num fila em corda em grupo? Acho que também me sentia um pouco irritada porque estavam sempre a falar alemão.

A minha tenda era bastante grande. Parecia uma tenda de quatro pessoas para duas pessoas, o que era bom. No Campo Um estávamos a 18.612 pés (5672 m).

No dia seguinte, subimos para o campo mais alto e foi cansativo. Este campo ficava a 19.643 pés (6000 m). Foi uma escalada longa, tanto quente como fria. Mas é isto escalar montanhas altas. Num momento o sol brilha intensamente e, de repente, há uma tempestade de neve.

Quando chegámos ao campo, descansámos durante uma hora e fizemos outra caminhada de aclimatização até aos 6200m (20.344 pés).

Quando se faz escalada, o conforto não é um dos destaques de uma expedição; na realidade é uma porcaria. Estar dentro e dormir numa tenda fria e depois ter de sair para fazer xixi não é certamente um luxo.

A esta grande altitude, e como avançávamos depressa, não havia tenda de cozinha. Então, os Sherpas levavam a comida às nossas tendas. A comida consistia no que pudesse ser feito com água a ferver.

No dia oito, sentia-me exausta e pensei "Merda". Já tinham passado oito dias. Não admirava que começasse a chorar mais facilmente! Tinha saudades das minhas filhas, do Ethan e da Julia e de casa!

Era dia do cume do Pico Mera. E como me acostumara, Deus agraciou o topo da montanha com sol, muito embora pouco antes parecesse que o tempo ia estar horrível.

O Pico Mera não é uma montanha fácil, situando-se a cerca de 21.800 pés (6476 m). Proporcionava, contudo, uma excelente vista desde o topo! O pico Mera é semelhante em altura ao Campo Dois do Evereste e foi o motivo pelo qual o escalei. A escalada substituía uma rotação no Evereste. Valeu a pena.

O cume exige uma escalada acentuada, apenas com 3 cordas que levam diretamente ao cume. Fiquei feliz ao aperceber-me de que me recordava como usar um bloqueador! Todo o grupo chegou ao cume.

Tinha sido difícil dormir à noite e estava imenso frio naquela montanha, talvez por estar tão exposta. No entanto, lidei com isso e sentia energia suficiente para chegar ao cume com o grupo.

Tivemos também que saltar imensas fendas; uma delas foi particularmente assustadora. Mal sabia eu na altura que isso era como dar um passeio no parque. Senti o coração na garganta ao saltar.

No dia nove, o plano era sair do Pico Mera e dirigirmo-nos ao campo base do Evereste. Acordámos às duas e meia da manhã e eu tinha dormido muito mal devido ao frio. A nossa equipa tinha que estar preparada às quatro. Tínhamos sido avisados que se não estivéssemos preparados às quatro com os crampons colocados, não desceríamos até um Sherpa nos poder levar, por isso certificámo-nos de que estávamos todos prontos. Estava ansiosa para entrar nos helicópteros que nos levariam ao campo base do Evereste, mas primeiro precisávamos de voltar à pousada para os apanhar.

Desta vez, chegar ao campo base do Evereste foi bom. De uma forma estranha, era bom estar de volta. O campo Furtenbach ficava também um passo acima do meu campo do ano anterior em termos de conforto, mas a cascata de gelo ficava a 45 minutos de distância do ponto crampon. O meu erro foi deixar que parecesse intimidador, mas afastei conscientemente esses pensamentos negativos.

Quando chegámos, algumas pessoas estavam a ir-se embora. O Diarmund, um rosto familiar do ano anterior, adoecera e estava a ir-se embora. Tinha feito a caminhada. Fiquei dececionada por ele partir porque falava inglês e tínhamos ficado amigos no ano anterior. Era para mim um rosto conhecido na montanha, mas infelizmente ia-se embora. Estava também outra mulher a ir-se embora. Tinha ficado doente e não aguentava mais o frio.

Ver as pessoas a sair dali abalou-me. Chorei com medo. Fiquei novamente assustada. Não parava de pensar que aquela maldita cascata de gelo me queria vencer.

Consegui falar brevemente com o Diarmund que me deu o código que tinha da internet e a palavra-passe. Tinha comprado acesso ilimitado por $250 USD e, como estava a ir-se embora, deu-mo. A Internet oferecia um meio de ligação de que precisava muito, sobretudo desde que o Lukas nos disse para ficarmos no nosso campo e não visitarmos outros campos. Na verdade, também não tinha quem visitar. Conhecia a Marta, uma colega do ano anterior que tinha escalado com o "Nims", e conseguia ver o campo dela a partir do nosso, mas não sentia necessidade de a ir visitar.

Estava ali toda a equipa da Red Bull TV. Estiveram a fazer filmagens quando escalámos o Pico Mera. O Philip seria o único membro da equipa de filmagens a ir ao cume do Evereste connosco. Tenho que admitir que ter ali a equipa de filmagens fez-me esquecer o medo. Foi uma grande distração.

No dia dez, parecia ter passado uma eternidade desde o dia um. Tantas coisas para lembrar, tantas coisas a que estar atenta. Enquanto praticávamos o nosso trabalho no gelo nessa tarde, só pensava em respirar e ir devagar. Sabia como escalar gelo, como usar o meu bloqueador, mas tinha de estar focada em lembrar-me da sequência da figura 8 que tínhamos de usar.

Nessa altura, os meus olhos começaram a inchar um bocado. Considerei tomar Diamox no dia seguinte. Tomei atenção ao xixi para ver se estava a beber o suficiente e usei o frasco do xixi para determinar os meus níveis de hidratação. Achei que decididamente não estava a beber o suficiente e fiz por mudar isso.

Nessa manhã, consegui finalmente usar o telefone de satélite e ouvir a voz das minhas filhas. Fiquei tão feliz. Aquela pequena coisa trouxe-me tanta alegria e conforto. Muito embora devêssemos ter internet, não funcionava. Parecia um déjà vu do ano anterior.

O dia onze estava nublado, o que significava que estava FRIO! Isso não nos impediu de treinar. Depois do pequeno-almoço, praticámos as cordas, com o nosso bloqueador, subir uma escada e, é claro, a descer como indicava a figura 8.

Ao regressarmos da nossa sessão de treino, a Internet estava finalmente a funcionar. Aquilo que temos como adquirido em casa estava ali finalmente disponível. Estava tão agradecida ao Diarmund por me ter dado o seu acesso que procurei o Facebook dele e vi a publicação que escreveu sobre ter tomado a decisão de ir embora. Conhecia o sentimento do ano anterior e estava com ele de todo o coração.

De tarde, praticámos a utilização do oxigénio. A garrafa de oxigénio que ia ter de carregar tinha 3,2 kg, sendo as sobresselentes carregadas por um dos meus Sherpas, juntamente com um regulador e uma máscara extra para mim. Usávamos um sistema de fluxo contínuo e éramos encorajados a começar a usá-lo no Campo Dois. Tudo bem por mim!!!!

A equipa de filmagens filmou a nossa sessão de prática com o oxigénio na sala das gravações da nossa tenda abobadada. Chamo-lhe a sala das gravações porque tínhamos sofás insufláveis, jogos, uma televisão com filmes para ver, café e água quente para chá prontamente disponível, e a sala era aquecida.

O Lukas fez uma apresentação em inglês e todos experimentámos os nossos sistemas. Com a equipa de filmagens ali, estava feliz por me ter penteado antes da sessão de treino.

O Lukas falou sobre o incidente no lado norte do Evereste em 2018 quando todos os reguladores deixaram de funcionar. A empresa que fornecia o nosso oxigénio e os reguladores, a Summit Oxygen, era a mesma empresa envolvida naquele incidente. Garantiu-nos que o problema tinha sido resolvido.

Disse-nos também que podíamos usar a quantidade de oxigénio que quiséssemos, mas que tínhamos de começar com um fluxo baixo. Pondo isto em perspetiva, no cume, perto dos 20 metros dos degraus Hilary, podíamos mudar o fluxo para 8. No campo, quando dormíamos, ajustávamos o fluxo para 0,5.

Quando terminámos o treino do dia, o Lukas informou que a janela de tempo ia acontecer cedo. Referiu que devido a um fenómeno que os cientistas dizem nunca ter acontecido e devido ao que estava a ocorrer na Índia naquela altura, previa-se que a temperatura nos Himalaias se elevasse aos -17 ºC no topo do Evereste. Era a mesma temperatura que tínhamos tido no Pico Mera.

Isso significava que a nossa ida ao cume aconteceria dentro de alguns dias! Não sabia o que pensar ou dizer. Não sabia se estava assustada, pronta ou excitada... ou só apavorada.

No Evereste, é tradição participar na Cerimónia Puja antes de sair do campo base e começar a viagem até ao cume. Os alpinistas e o Sherpa participam na Cerimónia Puja. Significa literalmente "rito de passagem". A Cerimónia Puja é realizada para se entrar em contacto com o divino Sagamartha, Monte Evereste, e rezar por uma expedição segura.

Em preparação para a cerimónia, é construído um grande dólmen com cordões compridos de bandeiras de oração. A equipa faz uma oferta de alimentos e bebidas especiais e leva os equipamentos de escalada para serem abençoados para a viagem.

A nossa Cerimónia Puja realizou-se no dia 12 da expedição.

Tinha-me debatido em 2021 em venerar um ídolo budista. Sou cristã. Presto culto ao Pai, Deus, através do seu filho Jesus Cristo. Não ídolos. Desta vez tinha um exército a rezar por mim em casa; o Pastor Sam e a equipa de oração da Village Church, Toronto West, rezavam por mim, a pedirem por mim a Jesus. A minha amiga Julia rezava e eu rezava. Respeitava, ao estar presente na cerimónia, mas não consumi comida nem bebida e recusei a marca de poder de sândalo tradicional no rosto. Também não pus o meu machado de gelo nem os crampons, capacete ou arnês para que fossem abençoados. Jesus estaria comigo e apenas Ele me protegeria.

Depois do almoço, o Lukas tornou tudo oficial: iríamos sair do campo base à meia-noite do dia seguinte, que tecnicamente seria segunda-feira. Tínhamos como objetivo chegar ao Cume na sexta-feira 13. Pediram-nos que não publicássemos nas redes sociais porque éramos um grupo grande a contar com a equipa da televisão. Não queria que outros grupos soubessem quando pensávamos sair. Previa-se que a janela de tempo durasse dez dias.

Mais tarde nesse dia, encontrámos os nossos Sherpas a preparar-se. Um dos meus tinha subido ao Evereste nove vezes; quatro vezes a partir do lado Norte e cinco do lado Sul. Chamava-se Nima Sherpa. O outro era um homem calmo com quem não falei muito.

Tínhamos de estar preparados com todo o nosso equipamento para os nossos Sherpas depois do pequeno-almoço no dia seguinte. Isto incluía a comida de que íamos precisar para os campos superiores. Escolhi um pequeno-almoço com alimentos veganos e sem lactose, para minimizar quaisquer problemas gástricos, e gomas!

Com o passar do dia, continuei a beber muita água (é claro). Estava nervosa, mas também estranhamente calma. Aquilo estava mesmo a acontecer!

Dia treze da expedição desde o dia em que aterrei em Kathmandu, era Dia da Mãe e tinha imensas saudades das minhas meninas. Chorei.

Depois do pequeno-almoço, o Lukas deu-nos cartas das nossas famílias. A Furtenbach pedira cartas às nossas famílias sem que soubéssemos. Li cartas da Nicole, do Nicolas e da Patricia. Li a da Julia e do Ethan no WhatsApp. Tinha tantas saudades deles. Falei com eles ao telefone e falei-lhes dos nossos planos de subirmos à meia-noite.

Depois enviei uma mensagem ao Emmanuel e ele ligou-me. Eu chorava. Perguntou-me se estava bem e disse-lhe que sentia saudades das minhas filhas. Pu-lo a par dos nossos planos de sairmos do campo base e ele soube que a cascata de gelo era o que mais me assustava. Depois, como bom amigo que era, disse: "Vais conseguir. A cascata de gelo é apenas um rio em movimento em que poucas pessoas têm a oportunidade de andar. OK?".

Quando me disse aquelas palavras, desde o Canadá, eu estava a olhar para a cascata de gelo a partir da tenda. Enquanto as lágrimas me caíam dos olhos, acenei com a cabeça afirmativamente, como se ele conseguisse ver-me. Mas não conseguia.

Perguntou: "ouviste?". Lembrei-me então que tinha de falar. "Sim, OK" - respondi com lágrimas salgadas a chegarem-me aos lábios.

Era isso mesmo. Precisava de fazê-lo. Por mim, pelas minhas filhas e pelos meus netos, mas também quis fazê-lo pelo Emmanuel. Precisava que tivesse orgulho em mim porque acreditava em mim, incondicionalmente.

Pouco depois, os Sherpas vieram buscar o meu equipamento para o carregarem. Horas mais tarde, após ter descansado um pouco, ansiosa, estava na hora. Partimos para a cascata de gelo.

Os dias seguintes foram confusos.

No entanto, escalar a cascata de gelo não foi tão assustador como no ano anterior. Não sentia o frio, a escuridão nem o pavor. As escadas não eram tão assustadoras como chegaram a parecer e tenho que admitir que me portei muito bem.

O Sherpa que escalou comigo, o Nima, foi maravilhoso e nunca saiu de ao pé de mim. Até consegui admirar a beleza das enormes massas elevadas de glaciar, mas andava muito pressa quando o Nima dizia para o fazer pois havia o perigo de caírem sobre nós.

As fendas eram o que mais assustava e tinha de lidar com isso. Os meus níveis de ansiedade duplicaram ao ver cada uma delas; e havia tantas. Tanto o Nima como um dos guias ajudaram-me em cada uma delas. Tenho as pernas curtas e algumas das fendas eram enormes. Dizia a mim mesma que os Sherpas saltavam por cima delas todo o dia, mas quando as via o meu coração batia descompassadamente. Estava agradecida aos nossos guias principais por não terem desaparecido como no ano anterior. Desta vez era uma subida totalmente diferente.

Chegámos ao Campo Um e, no dia seguinte, ao Campo Dois. No dia a seguir, chegámos ao Campo Três que fica num declive de neve de 30 graus com bordas rochosas expostas onde ficam penduradas as nossas tendas. A vista é magnífica, mas é preciso ter cuidado com cada passo ao sair da tenda para fazer cocó. Xixi? Bem, isso faz-se no frasco do xixi.

Depois, com o oxigénio a fluir totalmente nas nossas máscaras, na quinta-feira cedinho dirigimo-nos ao Colo Sul, que é o Campo Quatro.

Subir até ao Colo Sul não foi fácil. Claro que sei que é o Evereste, mas é um longo caminho a subir. E o calor era por vezes insuportável. Sim, o calor! O sol a brilhar sobre nós àquela grande altitude quando tínhamos vestido um fato completo não era nada confortável. Mas não nos podíamos deixar enganar ao ponto de o tirar porque de repente podíamos ter temperaturas de congelar sem qualquer aviso. Bastava uma pequena nuvem passar provocadoramente à frente do sol para mudar tudo.

Subimos, subimos, subimos.

Quando chegámos, depressa nos apercebemos de que não era o nosso campo normal. Havia vento. Havia garrafas de oxigénio por todo o lado. As nossas estavam empilhadas ordenadamente e formavam uma bonita pirâmide. O Lukas tinha dito que tínhamos mais 30% de oxigénio do que precisávamos e era visivelmente verdade.

Havia também mais lixo naquele campo do que nos anteriores.

Na verdade, havia pedaços de tendas partidas por todo o lado. Não havia dúvidas de que os ventos fortes constantes eram culpados, mas também podia ser o frio e o facto de ficarmos um pouco hipóxicos sem o oxigénio adequado. Combinando o facto de algumas pessoas não apanharem as suas próprias coisas, havia uma verdadeira bagunça à nossa volta.

Ali estava mais frio e assim que removíamos a máscara do oxigénio, era difícil respirar. O Colo Sul apenas é usado para descansar para o que se encontra à nossa frente... o Evereste. Fica entre o Evereste e o Lotse, a 26.300 pés.

No ano anterior, não ficara com qualquer impressão do Evereste. Não sentia alegria, estava doente e a batalhar com a minha mente. Contudo, nesta viagem, a grande altitude do Evereste a partir do Colo Sul era uma lição de humildade.

Conseguíamos ver pessoas a descer, embora algumas delas pudessem estar a subir, era difícil distinguir. Disseram ao nosso grupo para descansar e preparar-se para começar às oito da noite com o respetivo Sherpa.

Saímos à hora certa, oito horas. O Nima estava à minha frente e outro Sherpa atrás com uma mochila cheia de oxigénio. Já havia imensas luzes naquele lado da montanha. Em cada montanha, faziam-me sempre lembrar pirilampos. Aquelas luzes pequeninas pareciam mover-se lentamente e distantes.

Surpreendentemente alcançámo-las muito depressa. Apenas conseguíamos ver as silhuetas dos alpinistas iluminadas pelas luzes que traziam na cabeça. Parecia que andavam muito devagar. E depois ainda mais devagar. Primeiro, agradeci o ritmo, porque me permitia andar mais devagar, mas depressa se tornou aborrecido. Conseguia sentir que o Nima também estava a ficar impaciente.

Ultrapassámos três grupos, mas depois chegámos a um local onde não conseguíamos ultrapassar mais ninguém. A fila era enorme! Avançávamos cada vez mais devagar. Vi pessoas à minha frente a debater-se em cada ponto de transferência da corda com os respetivos mosquetões. Pus-me a avaliar o equipamento delas, a avaliar a velocidade delas e, em silêncio, estava aborrecida pois considerava-os amadores.

Este era um dos problemas no Evereste. É uma enorme máquina de fazer dinheiro para o governo do Nepal. Muitas empresas, operadores de expedições, levam clientes / alpinistas com muito pouca experiência de escalada e sem os devidos protocolos nem material etiqueta. Era este um dos motivos para os engarrafamentos, como o da famosa fotografia de 2019 tirada pelo Nims que circulou em todo o mundo a mostrar alpinistas alinhados na crista. Se um ou dois alpinistas pararem e não se mexerem, em determinadas secções não há espaço para mais ninguém passar.

Subimos, subimos e subimos. De noite. só nos conseguíamos concentrar nos nossos pés e assim o fiz, sentia-me bem. O Nima mudou a minha garrafa de oxigénio a determinada altura.

Passámos por um homem sentado à esquerda da crista que estávamos a escalar. Parecia exausto, com a cara enregelada e ao lado dele o que assumi ser o seu Sherpa, sentado sem qualquer expressão. O homem não tinha a máscara de oxigénio colocada e isso assombrou-me. O Nima virou as costas e disse-me para continuar. Tenho a certeza que também o assombrou.

O que pareceu ser pouco tempo depois, olhei para o lado e vi o brilho dourado do sol a nascer. Logo a seguir, o Nima apontou-o para que o visse. "O nascer do sol" - disse, apontando. Acenei com a cabeça em reconhecimento.

Comecei a ver e, à medida que olhava à minha volta, sabia que estávamos a uma grande altura. Comecei a ficar ansiosa.

Depois, sem mais nem menos, estávamos no Degrau Hillary. Que afinal nem é um degrau. O Degrau, claro, tem o nome de Sir Edmund Hillary. Após o terramoto de 2015, a face rochosa original foi destruída e, muito embora já não tenha os 12 metros (40 pés) de altura originais, é ainda muito assustador.

Escalar o Degrau Hillary tinha o perigo de uma queda de 3000 metros (10.000 pés), de um lado, e de 2400 metros (8000 pés), do outro. Em termos de escalada de rochas, tinha uma classificação de alpinismo classe 4. Agora, tudo o que resta são algumas rochas inclinadas e escorregadias que têm uma rede de cordas para marcar como devemos atravessar e manter-nos presos à montanha. Quando olhamos para baixo vemos o abismo.

O meu coração batia descompassadamente. Pedi ao Nima que aumentasse o meu oxigénio. Não sei se o fez ou se apenas fez de conta pois dizia às vezes no campo inferior que estava a aumentar e nunca o fazia.

Foi aí que o vi. Paralisei. Era um cadáver. Ali mesmo, na parte inferior do segundo degrau. Ainda tinha os crampons, estava deitado de costas com os óculos postos e tudo, como se estivesse apenas a descansar. Até tinha a máscara de oxigénio no rosto.

A parte inferior do lado esquerdo do ombro do fato estava à mostra, pois algumas pessoas usavam este ombro como trampolim. Só aí é que me apercebi que ele estava morto e entrei em pânico.

Ó, meu Deus! Estava morto! Não conseguia deixar de olhar para ele. Era difícil agarrar as cordas, pois não havia realmente nenhum sítio onde pôr os pés. As minhas botas e os crampons escorregavam facilmente à medida que tentava afastar-me o máximo possível do corpo. Consegui subir para cima do degrau e passar essa secção. Não é o que se deve fazer, mas sejamos realistas, nesse local ou congelamos e não conseguimos ou tentamos avançar como conseguimos.

O medo instalou-se em mim. O que estava a fazer ali? Porque estava ali? O Nima disse-me para avançar e fi-lo como me disse, mecanicamente, mas falava em silêncio, a implorar a Jesus que me mantivesse em segurança e não me deixasse morrer. Nunca tive tanto medo na vida.

Então chegámos ao cume. Sem mais.

Sentei-me. Fingi estar feliz, mas tremia por dentro e não queria olhar à minha volta. O Nima tirou as minhas fotografias e estava contente por ali estar. Fez vídeos e fez com que me levantasse para olhar à minha volta. Era a décima vez que lá estava. Só queria ir-me embora. Contudo, tirámos algumas fotografias juntos e o Nima estava muito contente por me mostrar Manaslu, a sua terra natal. Manaslu é a oitava montanha mais alta do mundo.

Preparámo-nos para sair do cume e, no caminho para baixo, parámos nos nossos trilhos. Não podíamos ir lado nenhum. Havia uma fila de pessoas na crista que não parava de subir. Era interminável. As suas expressões eram de raiva, ou talvez estivessem apenas assustadas como eu estava.

Tínhamos o nosso mosquetão de segurança na corda e ficámos ali à espera à medida que as pessoas passavam por nós, à nossa volta. Pareceu que ficámos lá várias horas. Comecei a preocupar-me com o oxigénio. Imaginei-me a morrer ali e, novamente, pedi a Deus que poupasse a minha vida. Recriminei-me pela estupidez de ali estar. As lágrimas começaram a correr e parei pois sabia que não podia tirar os óculos porque as pálpebras podiam congelar.

Houve depois uma pausa e o Nima disse-me que tínhamos de ir. Andei depressa, mas quando chegámos novamente ao Degrau Hillary entrei em pânico. Não conseguia passar outra vez por cima do degrau como outros o faziam. Não queria tocar no cadáver, mas o Nima tranquilizou-me, com alguma severidade, que conseguia fazê-lo e tinha que olhar para ele. Duplicou a nossa segurança com um segundo mosquetão nas cordas que enrolou no que restava do degrau. Disse-me para fazer o que ele fizera, que era inclinar-me para trás e caminhar na rocha, confiando que a corda de segurança e os mosquetões duplos me segurariam. Respirei profundamente, fiz como me indicou e funcionou.

De alguma forma, reparei que tínhamos perdido o segundo Sherpa com o oxigénio. Outro Sherpa do nosso grupo passou por nós e disse ao Nima onde estavam as garrafas do oxigénio. Mesmo no fim da crista, fizemos uma curta paragem e o Nima substitui a minha garrafa de oxigénio por outra antes de continuarmos a descer.

Já não queria subir mais. Quando chegámos ao Colo Sul, quase não me conseguia mexer de tão cansada. A tremer, exausta, a precisar de oxigénio, só conseguia pensar nos paralelos da minha vida. Tinha chegado ao cume. Serviu para me lembrar de que nunca tinha "quebrado as barreiras" proverbiais nem era detida por "crenças limitadoras". Apesar de cansada e de ter tido um dia tão emocional, sabia que tinha mais a fazer antes desta aventura terminar.

O Nima disse-me para descansar durante uma hora, mas para não dormir porque tínhamos de descer para o Campo Dois. Ajudou-me a arrumar o saco-cama. Doía-me o corpo todo.

Naquele momento, tinha estado acordada mais de 24 horas e ainda tínhamos de descer até ao Campo Dois. Demorámos seis horas até finalmente chegarmos ao Campo Dois. As minhas costelas doíam-me imenso de tantas manobras de escalada. A cada manobra sentia os pulmões esmagados. Chorei algumas vezes. Não conseguia acreditar que tínhamos escalado tão longe. Continuava a perguntar a mim mesma como era possível.

Nessa altura, mal sabia o meu nome. Quando finalmente chegámos ao Campo Dois, disseram-nos que na manhã seguinte iríamos acordar às quatro horas para irmos para a cascata de gelo enquanto ainda estava frio. Que maravilha, pensei sarcasticamente.

Algo morrera dentro de mim. Continuava a pensar no corpo deitado no degrau. Soube mais tarde, muito embora houvesse algumas versões ligeiramente diferentes da história, o que tinha acontecido. Basicamente, a versão que quero reter, é que se tratava do corpo de um senhor da Índia Oriental que viveu nos Estados Unidos. Ele e a mulher fizeram a escalada em 2019 quando o oxigénio da mulher se esgotou e morreu. Ficou ali, de coração destroçado, sem vontade de sobreviver.

Saímos do Campo 2 a horas, às quatro da manhã, passámos depressa pelo Campo Um e estávamos de volta à cascata de gelo para descer.

Descemos, via de escalada após via de escalada. Questionei-me várias vezes quantas mais vias de escalada haveria, a que altura tinha escalado. Continuava a perguntar ao Nima quanto faltava e dava-me sempre a mesma resposta: "Mais dez".

Horas mais tarde tínhamos saído da cascata de gelo e chegado ao ponto crampon onde podíamos finalmente tirar os crampons. Entreguei-os ao Nima e disse-lhe que ficasse com eles. Não ia escalar mais.

Também lhe disse que podia guardar o meu fato de pumas que tinha dentro da sua mochila. Sorriu e agradeceu-me. O fato de baixo era um tamanho pequeno para homem. Até agora, as empresas de roupas para as atividades ao ar livre não fazem ainda versões femininas porque acho que a quota de mercado é demasiado pequena.

O meu fato foi-me generosamente oferecido pela RAB para a minha primeira escalada prevista para 2020, antes de a Covid-19 ter fechado o mundo. Fiquei grata pelo apoio da RAB e pensei que seria ótimo dá-lo a alguém que precisasse dele. O Nima precisava de um fato de pumas novo.

Para mim tinha acabado.

Terminei o que comecei. Quatro anos e meio depois, tinha escalado os 7 cumes, tanto da versão de Messner como da versão de Bass. Oito montanhas.

O QUE É QUE SE SEGUE?

"A ecoterapia é óptima para a mente."
~ Citação de Adam Beauchamp

Quando as pessoas me perguntam o que se segue, digo-lhes que estou feliz por estar em casa.

Mas a verdade é que sinto falta de treinar para atingir um objetivo. Sinto falta de ter um propósito que me oriente. Para ser sincera, isso está a afetar a minha saúde mental.

Uma vez ouvi ou li algures que escalar montanhas é viciante. Bem, é verdade. As montanhas marcaram-me de uma forma que nunca imaginei.

Esta viagem de quatro anos e meio salvou-me a vida. Tornou-me mais forte e mais resistente. Também encontrei e experimentei, na minha alma, a presença, o amor e a paciência de Deus.

Então, o que é que se segue? Estou a pensar em começar um novo puzzle; uma nova viagem ainda por revelar.

Agradecimentos

Gratidão a Jade Stevens por criar as capas dos meus livros, website, etc.

Gratidão a Carol McFarlane pela sua perspicácia, grande capacidade de edição e consideração, sem as quais, este livro podia ter sido um pouco mais difícil de entender.

Gratidão a Tyler Stone, por me ter treinado e por me ter deixado chorar muitas vezes durante os nossos treinos, só porque trabalhar era melhor do que chafurdar na tristeza do meu coração partido. Ele manteve-me focada e ajudou-me a ganhar alguns músculos.

Obrigado a todos os membros da Peaks for Change Foundation por terem acreditado e apoiado a nossa crença e desejo de acabar com o estigma da Saúde Mental.

Obrigado pela minha nova família da Village Church Toronto, pelas sessões de oração enquanto subia ao Evereste, Take Two. Abençoada.

Citações

Amanda MacMillan da Health.com, 2 de Agosto de 2011
http://www.cnn.com/2011/HEALTH/08/02/sexual.assault.domestic.violence/index.html

Stop Violence Against Woman Org
https://www.stopvaw.org

Canadian Women's Foundation
https://canadianwomen.org

Secretariat of the Antarctica Treaty, Waste Management
https://www.ats.aq/e/waste.html

Tradução: Carlos Fernandes, Ivana Santos e Madalena Balça

www.ingramcontent.com/pod-product-compliance
Lightning Source LLC
Chambersburg PA
CBHW070045100426
42740CB00013B/2801